Programación en Python Para Principiantes

Guía para aprender a programar en Python paso a paso en un fin de semana

Edsel Josef

Programación en Python Para Principiantes

Guía para aprender a programar en Python paso a paso en un fin de semana

Producción: Didi Ediciones.

Diseño y Producción: Didi Ediciones.

Copyright 2020, Edsel Josef

Primera Edición: Julio, 2020 (Edición en Español).

Todos los derechos reservados. Ninguna parte de este libro puede ser reproducida de ninguna manera sin el permiso escrito de Edsel Josef.

Copyright © 2020 Edsel Josef. Todos los derechos reservados.

Ninguna parte de este libro puede reproducirse de ninguna forma sin el permiso por escrito del autor. Los revisores pueden citar breves pasajes en las revisiones.

Descargo de responsabilidad

Ninguna parte de esta publicación puede reproducirse o transmitirse de ninguna forma o por ningún medio, mecánico o electrónico, incluida la fotocopia o grabación, o por cualquier sistema de almacenamiento y recuperación de información, o transmitirse por correo electrónico sin permiso por escrito del editor. Si bien se han hecho todos los intentos para verificar la información provista en esta publicación, ni el autor ni el editor asumen ninguna responsabilidad por errores, omisiones o interpretaciones contrarias del tema en este documento. Este libro es solo para fines de entretenimiento. Las opiniones expresadas son solo del autor, y no deben tomarse como instrucción o comando experto. El lector es responsable de sus propias acciones. El cumplimiento de todas las leyes y regulaciones aplicables, incluidas las licencias profesionales, prácticas comerciales, publicidad y todos los demás aspectos de hacer negocios en los EE. UU., Canadá o cualquier otra jurisdicción que gobierne internacional, federal, estatal y local es responsabilidad exclusiva del comprador o lector. Ni el autor ni el editor asumen responsabilidad alguna por parte del comprador o lector de estos materiales. Cualquier desacuerdo percibido de cualquier individuo u organización es puramente involuntario.

A quien va dirigido este libro

Este libro está dirigido a:

1. Personas que les gustan la programación y especialmente a aquellos que quieren descubrir el mundo de Python.
2. Programadores con conocimientos básicos y avanzados de programación.
3. Personas que programan por primera vez.
4. Personas que quieren diseñar programas de manera rápida, simple y útiles en el mundo actual.
5. Personas que quieran aprovechar el internet de las cosas.

TABLA DE CONTENIDOS

Introducción

Hola, mi nombre es Edsel Josef y quiero darte la gracias por descargar este libro.

Aprender Python está de moda, pero más allá de eso aprender a programar en Python es muy importante porque se presenta como el lenguaje del futuro. Si deseas aprender a programar, te recomiendo empezar con Python, porque es muy sencillo y práctico de aprender. Python hace que todo sea más fácil. Tiene una estupenda y amplia biblioteca de paquetes de códigos ya listos, muy útiles y versátiles que te ahorrarán mucho tiempo y dinero en tus diseños. Además dispone de módulos y numerosas bibliotecas de terceros de código abierto que puedes utilizar y te ahorrarán tiempo y dinero.

Python se puede ejecutar en Windows, Mac OS X y Linux.

Este lenguaje es muy útil, sobre todo si usted desea aprender a programar por primera vez, ya que su código es fácil de aprender y mantener. Te permitirá poder disfrutar del internet de las cosas.

Python cada día crece en popularidad, y sus oportunidades y posibilidades son simplemente infinitas.

En este libro descubriremos los fundamentos de programación en Python y los datos más comunes que intervienen en el procesamiento de la información.

Cuales versiones existen en Python y cuál es la más recomendada para trabajar.

Sus ventajas y desventajas, hablaremos un poco de su historia, de donde viene su nombre y qué relación tiene su nombre con un programa de televisión.

Abordaremos su instalación en Windows, Mac y Linux.

Veremos cómo se utilizan las variables, constantes y sus operadores y tablas de la verdad.

Como se utilizan los tipos de datos.

Como se programan y utilizan las estructuras de control.

Abordaremos en profundidad el tema de las Funciones y la programación estructurada, explicando con ejemplos las funciones avanzadas, recursivas, de orden superior y las funciones integradas.

Después que leas este libro y lo pongas en práctica en la vida real, serás consciente de los fundamentos principales de Python y podrás crear de manera simple y fácil muchos programas con él.

Gracias de nuevo por descargar este libro. ¡Espero que lo disfrutes!

Capítulo 1: Introducción a Python

Vamos a comenzar con unas definiciones básicas:

¿Qué es Python?

Python es un lenguaje de programación de alto nivel, muy flexible y poderoso, fue creado por Guido Van Rossum en 1980, con el podemos crear juegos, escribir GUIs y desarrollar aplicaciones para la web.

¿De donde proviene le nombre de Python?

Proviene del nombre de una popular serie llamada Monty Python's Fly Circus, la cual su creador Guido van Rossum era fanático. Muchos creen que su nombre proviene del nombre de una serpiente, porque el logotipo de Python es la imagen de una serpiente azul y amarilla, pero no es así.

Características de Python

Este lenguaje tiene las siguientes características:

1. Es muy fácil de leer por el diseño que posee.
2. Tiene un costo bastante reducido en cuanto a mantenimiento del programa.
3. No requiere compilación.
4. Está orientado a objetos.
5. Soporta múltiples paradigmas de programación.

Python 2.x Vs. Python 3.x

Hay dos versiones populares y oficiales de Python, estas son: Python 3.x y 2.x.

La versión 2.x es la más antigua. Desde la versión 2.x se han hecho muchos cambios, para todos los ejemplos en este libro estaremos usando la versión 3.x

Ventajas y Desventajas de usar Python

Ventajas

1. Mejora la productividad porque sus códigos de programación en Python son relativamente cortos comparado con otros lenguajes programación de alto nivel tales como C++.

2. Es muy sencillo de aprender para los principiantes ya que utiliza una sintaxis sencilla y corta.

3. Es fácil de leer, mantener, depurar o mejorar porque utilizan instrucciones exactas, claras y concisas.

4. Tiene un amplio Soporte porque trabaja en Windows, macOS, Linux/UNIX, y otros sistemas operativos en dispositivos, Además, se puede ejecutar en dispositivos tales como controles remotos, micro-controladores usados en aparatos, juguetes, dispositivos embebidos, etc.

5. Es muy fácil de leer por todo el mundo incluso aquellos que no tienen conocimiento de programación.

6. Debido a que sus sintaxis son cortas mejora la productividad y hace más fácil el trabajo de programar, sobre todo para los principiantes, además, el programa se ejecuta instantáneamente sin necesidad de pasar por procesos de compilación como en otros lenguajes tales como Java o C++, requerirían.

7. Se pueden ejecutar los mismos códigos para un programa dado en diversas plataformas.

8. Es portable, porque las principales librerías ya vienen incluidas dentro del intérprete.

9. Sus componentes están integrados, los scripts de Python pueden comunicarse fácilmente con otras partes de una aplicación debido a la integración de sus componentes.

10. Tiene una biblioteca incorporada, Viene con un diccionario estándar. Y es compatible con una matriz de tareas de programación.

11. Es muy fácil de trabajar, sobre todo para principiantes.

Historia

Python fue creado por Guido van Rossum a finales de 1980, y en 1989 fue que lo implementó. En 1991 hace pública la primera versión 0.90.0. 3 años después publica la versión 1.0, en el año 2000 publica la versión 2.0 y la versión 3.0 se publica en diciembre de 2008.   El desarrollo de Python estuvo dirigido hasta 2018 por Guido van Rossum bajo la Python Software Foundation, pero a partir de Julio 2018 el anuncia que dejaría de dirigirlo y el desarrollo de Python pasaría a estar dirigido por un consejo de dirección de cinco miembros elegidos entre los desarrolladores de Python y que se renovará todos los años.

Las versiones de Python se identifican por tres números **X.Y.Z**, en la que:

X son las versiones de Python (1,2 y 3) las cuales son incompatibles entre sí.

Y corresponde a las novedades en el lenguaje

Z corresponde a versiones menores en el que solo se corrigen errores, que se publican durante el período de mantenimiento.

Capítulo 2: Comenzando con Python

¿Cuál versión es más usada 2.X o 3.X??

Cuando uno inicia como principiante en Python una de las cosas que más confunde es cual versión instalar. Aunque Python 3 es la versión más actual, aún hay muchos programadores que usar la versión 2.x. Cual versión es más usada? hoy en día, no encontrará realmente una respuesta exacta a la pregunta de cuál versión Python utilizar, la decisión dependerá de lo que quieren lograr. Python 3 es el futuro del lenguaje, pero algunos los programadores optan por instalar python 2.x porque algunas bibliotecas más antiguas sólo funcionan en Python 2. En este libro usaremos la versión 3.x.

¿Cómo se instala el Interpreter en Windows?

Python viene con dos programas importantes: Python's runtime environment y el command line interpreter o intérprete de línea de comandos. Podemos encontrar ambas en su sitio web. Instalarlo es sencillo, especialmente si lo haces desde Windows, todo lo que necesitas es descargar el archivos, abrirlo y correr el setup. En unos pocos pasos lo tendrás instalado en tu equipo. Durante la instalación necesitaras instalar ciertos paquetes y características y listo. Recuerda marcar todos los paquetes para que se instalen.

Usando Python Shell e IDLE

Hay 2 maneras de ejecutar un programa Python. Usando el runtime environment o usando the command line interpreter.

El command line interpreter tiene dos formas. El primero es el shell de Python normal. El segundo es IDLE o Entorno Integrado de Desarrollo y Aprendizaje.

El shell de Python normal utiliza la interfaz de línea de comandos (CLI) familiar o aspecto de terminal, mientras IDLE es un programa Python de forma gráfica con una interfaz de usuario (GUI). IDLE está compuesto por un menú de fácil acceso, opciones de personalización y funciones GUI, mientras el shell de Python está desprovisto de eso y sólo ofrecen un símbolo del sistema.

Una de las funciones beneficiosas de IDLE es su resaltado de sintaxis. La función de resaltado de sintaxis facilita a los programadores la identificación entre palabras clave, operadores, variables y literales numéricos.

Además, puede personalizar el color de resaltado y las propiedades de la fuente que se muestran en IDLE. Con el shell, sólo se obtiene una fuente, color blanco y fondo negro.

Todos los ejemplos de este libro están escritos en el shell de Python. Sin embargo, estaría bien usar el IDLE ya que es adecuado para principiantes porque no tienes que preocuparte por la sangría y la administración de código. Sin mencionar que el resaltado de sintaxis es realmente beneficioso y fabuloso.

Como instalar Python en Windows

1. descargar el paquete de instalación aquí: https://www.python.org/downloads/
2. elegir entre las dos últimas versiones de Python 2 y 3: Python 3.8.4 y Python 2.7.18 (estas son las versiones usadas al momento de escribir este libro, tú debes escoger siempre las más actualizadas).

Si quieres buscar una versión específica, puedes revisar en la página para encontrar enlaces de descarga para las versiones anteriores. Normalmente, las personas descargan la última versión porque e\ésta tiene muchas correcciones beneficiosas.

Una vez que termine con la descarga, puede proceder a la instalación haciendo clic en el archivo .exe descargado. Una instalación estándar incluirá IDLE, pip, y documentación.

Instalando Python en Mac

Si está utilizando un Mac, puede descargar el paquete de instalación desde este

enlace: https://www.python.org/downloads/mac-osx/

Instalando Python 3 en Linux (Ubuntu)

Aquí te muestro como instalar Python 3.6 en máquinas Ubuntu Linux.

Para ver que versión de Python 3 tienes instalada, abre una terminal y ejecuta

$ python3 --version

Si estás usando Ubuntu 16.10 o uno más nuevo, entonces puedes fácilmente instalar Python 3.6 con los siguientes comandos:

$ sudo apt-get update
$ sudo apt-get install python3.6

Si estás usando otra versión de Ubuntu (p.ej. el último release LTS), recomendamos usar el deadsnakes PPA para instalar Python 3.6:

$ sudo add-apt-repository ppa:fkrull/deadsnakes
$ sudo apt-get update
$ sudo apt-get install python3.6

Si estás usando otra distribución de Linux, hay posibilidades que ya tengas Python 3 pre-instalado también. Si no, usa el manejador de paquetes de tu distribución. Por ejemplo en Fedora, deberás usar dnf:

```
$ sudo dnf install python3
```

Ejecutando Python desde la línea de comandos

Si utilizas macOS, GNU/Linux y UNIX, debe ejecutar la herramienta Terminal para llegar a la línea de comandos. Por otra parte, si está utilizando Windows, puede llegar a la línea de orden de Python haciendo clic con el botón derecho en el menú e iniciar Windows PowerShell.

Escribiendo tu primer programa

```
# Imprimiendo "Hola Mundo!" en la pantalla
# print es una función, ya definida en Python
print("Hola Mundo!")
```

Las dos primeras líneas son comentarios. Un comentario de Python es una nota, explicando lo que un pedazo de código o programa está haciendo. Deben comenzar con un hash y no se ejecutará. Es una buena idea tomar el hábito de escribir comentarios cortos y significativos, no sólo para beneficio propio como programador, sino para otros que lean su código.

La tercera línea es el programa, diciéndole al ordenador que imprima "¡Hola Mundo!" en la pantalla. Y, cuando ejecutes ese programa, eso es exactamente lo que verás en la pantalla.

La función de impresión es una función integrada ya definida por Python, junto con otras funciones incorporadas, nos ayudan a hacer la vida más fácil para usted.

Problemas de instalación

Primero, asegúrese de descargar el archivo de instalación desde el sitio web: https://www.python.org.

Después, asegúrese de que ha elegido el archivo de instalación para su sistema operativo. Hay una instalación dedicada archivos para Windows, MacOSX y otro sistema operativo basado en UNIX.

Si el equipo se ejecuta en Windows XP, la última versión de Python no funcionará. Debe instalar y utilizar Python 3.4. Además, recuerde que hay dos versiones de cada arquitectura de equipo: una versión de 32 bits y una versión de 64 bits. Si usted no está seguro de la arquitectura de su equipo, al entrar al sitio web de Python para hacer la descarga, éste detectará la versión de su equipo y le indicará la versión adecuada a instalar.

Si está utilizando una distribución de Linux como sistema operativo no es necesario ir al sitio web de Python para descargar la instalación, Puede utilizar el administrador de paquetes de su sistema.

Antes de instalar Python, asegúrese de tener al menos 100 MB libres espacio en disco. También puede editar la ubicación de instalación de Python. Sin embargo, tomar nota de la ubicación que escriba si desea instalar Python en una carpeta diferente.

Si el instalador no proporcionó accesos directos para usted, simplemente puede crearlos.

El shell de Python se encuentra en la carpeta raíz de la instalación de Python.

<carpeta de instalación de Python>

Por ejemplo:

"C:\Python37\python.exe"

Para IDLE, puede utilizar su archivo por lotes ubicado en

<Carpeta de instalación de Python>\Lib\idlelib\idle.bat

Por ejemplo:

"C:\Python37\Lib\idlelib\idle.bat"

Si no puede encontrar la carpeta idlelib dentro de la carpeta Python Lib, vuelva a instalar Python y asegúrese de que IDLE está marcado.

Capítulo 3: Variables, Constantes y Operadores

¿Que son las variables, como se nombran y como se usan?

Una variable es un elemento que almacena un valor.

Ejemplo:

message= "Hola, mundo Python"

print (message)

¿Cómo se nombran una variable en Python

Las variables solo pueden tener letras, guiones bajos y números. Los nombres de las variables pueden comenzar con un carácter de subrayado o una letra, nunca con un número.

Al escribir nombres de variables, no debe incluir espacios. En su lugar, pueden usar guiones bajos. Por ejemplo, puede usar *'my_name'* en lugar de *my name*.

Nomenclatura de las variables

Debemos recordar las siguientes reglas al crear y usar un identificador o el nombre de una variable:

1. La variable debe empezar con un carácter de subrayado o una letra.

2. La variable nunca debe empezar con un número. El programa arrojará un error si esto ocurre. Python toma

cualquier número que escriba después de un espacio como un número, no puede usar un número como identificador.

3. La variable solo debe contener letras, números y El símbolo de subrayar.

4. Python distingue entre mayúsculas y minúsculas. Es decir, que X es diferente de la variable x.

5. El tamaño de la variable puede ser tan corto como 1 carácter (por ejemplo, x, _, y, etc.).

6. Las variables no deben contener palabras reservadas (por ejemplo, *return, True, False*, etc.) o una función.

No seguir o adherirse a estas reglas simples puede dar lugar a errores o resultados no deseados en su programa.

Uso de variables

La función principal de las variables es almacenar datos. El almacenamiento de datos en una variable es tan simple como usar el operador de asignación (=). Aquí está un ejemplo:

```
>>> x = 1
>>> _
```

El resultado sería éste:

```
>>> x
1
>>> _
```

En el ejemplo, *x* tiene asignado el valor *1*, y se lee x = 1. Recuerda que si la variable no existe en el programa Python o tu programa retornara un error.

¿Que son las constantes?:

Una constante es un tipo de variable la cual su valor no puede ser cambiado. Las constantes son como contenedores que contienen información la cual no puede ser cambiada después.

Las constantes en Python son usualmente declaradas y asignadas en un módulo. Aquí, el módulo significa un nuevo archivo que contiene variables, funciones, etc.; el cual es importada en el archivo principal. Dentro del módulo, las constantes son escritas en letras MAYÚSCULAS y separadas las palabras con el carácter underscore _.

Ejemplo de constantes

A continuación, se presentan algunos ejemplos del uso de constantes:

Ejemplo de constantes desde un módulo externo:

```
IP_DB_SERVER = "127.0.0.1"
PORT_DB_SERVER = 3307
USER_DB_SERVER = "root"
PASSWORD_DB_SERVER = "456789"
DB_NAME = "contabilidad"
```

Palabras reservadas

Existen ciertas palabras que tienen significado especial para el intérprete de Python. Estas no pueden utilizarse para ningún otro fin excepto para el que han sido creadas. Estas son:

and.

as.

assert.

break.

class.

continue.

def.

del.

elif.

else.

except.

exec.

finally.

for.

from.

global.

if.

import.

in.

is.

lambda.

not.

or.

pass.

print.

raise.

return.

try.

while.

with.

yield.

Expressions

Las expresiones son líneas de códigos que realizan operaciones mediante operadores, que

el programa o sistema evalúa para devolver un resultado. Son como expresiones algebraicas en las que tiene variables o datos colocados en el lado izquierdo y derecho de un operador. Por ejemplo, 1 + 2 es una expresión.

Las expresiones tienen varios componentes. Como constantes, variables, datos, operadores, delimitadores, paréntesis, funciones y resultados. En la expresión 1 + 2, 1 y 2 son datos, + es el operador y 3 es la salida o resultado.

Hay varios tipos de expresiones. Algunos de ellas son aritméticos, relacional/comparación, booleano/lógico, cadena, bit a bit y expresiones mixtas. El tipo de expresión que cree depende de los operadores que use y el tipo de datos del resultado esperado.

Ejemplo 1:

>>> x = 1 + 2

>>> x

3

>>> _

Operadores

Python, tiene numerosos operadores como la suma de operadores aritméticos (+), resta (-), multiplicación (*), y la división (/). Algunos de esos operadores tienen funcionalidades similares en la mayoría de los lenguajes de programación.

Los operadores se dividen según su funcionalidad y el tipo de datos de expresión o salida que producen. La mayoría de los operadores utilizan signos y símbolos mientras que algunos usan palabras clave. Algunos operadores realizan funciones avanzadas de uso del procesamiento de datos.

Tenga en cuenta que no agregar espacio entre operandos y operadores funcionará.

Sin embargo, es mejor evitar escribir expresiones como esas para evitar posibles errores de sintaxis.

Operadores Aritméticos

Una corta referencia de los *operadores aritméticos* se ofrece a continuación:

Operador	Descripción	Ejemplo

+	Suma	`>>> 3 + 2`
		
		`5`

-	Resta	`>>> 4 - 7`
		
		`-3`

-	Negación	`>>> -7`
		
		`-7`

*	Multiplicación	`>>> 2 * 6`
		
		`12`

**	Exponente	`>>> 2 ** 6`
		
		`64`

/	División	`>>> 3.5 / 2`
		
		`1.75`

//	División entera	`>>> 3.5 // 2`
		
		`1.0`

%	Módulo	`>>> 7 % 2`
		
		`1`

Operadores Relacionales

Una corta referencia de los *operadores relacionales* se ofrece a continuación:

Operador	Descripción	Ejemplo
==	¿son iguales a y b?	`>>> 5 == 3`

		False
!=	¿son distintos a y b?	```>>> 5 != 3``` ```True```
<	¿es a menor que b?	```>>> 5 < 3``` ```False```
>	¿es a mayor que b?	```>>> 5 > 3``` ```True```
<=	¿es a menor o igual que b?	```>>> 5 <= 5``` ```True```
>=	¿es a mayor o igual que b?	```>>> 5 >= 3``` ```True```

Operadores de asignación

Una corta referencia de los *operadores de asignación* se ofrece a continuación:

Operador	Descripción	Ejemplo
=	asigna valor a una variable	`>>> r = 5` `>>> r1 = r`

+=	suma el valor a la variable	`>>> r = 5`
		`>>> r += 10; r`
		`15`

-=	resta el valor a la variable	`>>> r = 5`
		`>>> r -= 10; r`
		`-5`

*=	multiplica el valor a la variable	`>>> r = 5`

		`>>> r *= 10; r` `50`

`/=`	divide el valor a la variable	`>>> r = 5`
		`>>> r /= 10; r`
		`0`

`**=`	calcula el exponente del valor de la variable	`>>> r = 5`
		`>>> r **= 10; r`
		`9765625`

`//=`	calcula la división entera del valor de la variable	`>>> r = 5`
		`>>> r //= 10; r`
		`0`

| %= | devuelve el resto de la división del valor de la variable | ```
>>> r = 5
>>> r %= 10; r
5
``` |

Tabla de la verdad

El operador *AND* solo devolverá *True* si ambos operandos son *True*, de lo contrario siempre devolverá *False*. El operador *OR* sólo devolverá *False* si ambos operandos son *False*. De lo contrario, siempre devolverá *True*. El operador no devolverá *False* si el operando es *True* y devolverá *True* si el operando es falso.

A continuación se muestran tablas de verdad para el operador 'AND' y 'OR'.

Operador izquierda	Operador Lógico	Operador derecho	Resultado
True		True	True
True		False	False
False	AND	True	False
False		False	False
```

Operador izquierda	Operador Lógico	Operador derecho	Resultado
True		True	True
True		False	True
False	OR	True	True
False		False	False

Capítulo 4: Tipos de Datos

Los tipos de datos

Python puede diferenciar tipos numéricos sin que los declare; Esto es una de las mejores características y ventajas de usar Python. Con sus funciones incorporadas, Python sabe por sí mismo un dato del otro cuando se ejecuta una declaración. Estas funciones incorporadas para los valores numéricos son cuatro, a saber:

Los tipos de datos básicos de Python son:

1.   los booleanos,

2.   los numéricos (enteros, punto flotante y complejos) y

3.   las cadenas de caracteres.

Los booleanos

En Python la clase que representa los valores booleanos es *bool*. Esta clase solo se puede instanciar con dos valores/objetos: *True* para representar verdadero, y *False* para representar falso.

Una cosa muy particular aquí es que cualquier objeto puede ser usado en un contexto donde se requiera comprobar si algo es verdadero o falso. Por tanto, cualquier objeto se puede usar en la condición de un *if* o un *while* (son estructuras de control que veremos en tutoriales posteriores) o como operando de una operación booleana.

Por defecto, cualquier objeto es considerado como verdadero con dos excepciones:

Que implemente el método __bool__() y este devuelva False.
Que implemente el método __len__() y este devuelva 0.
Además, los siguientes objetos/instancias también son consideradas falsas:

None
False
El valor cero de cualquier tipo numérico: 0, 0.0, 0j, …
Secuencias y colecciones vacías (veremos estos tipos en otros tutoriales): '', (), [], {}, set(), range(0)

Los numéricos enteros

El tipo de los números enteros se representa con *int*. Este tipo de dato comprende el conjunto de todos los números enteros, pero como dicho conjunto es infinito, en Python el conjunto está limitado realmente por la capacidad de la memoria disponible. No hay un límite de representación impuesto por el lenguaje.

Pero tranquilo, que para el 99% de los programas que desarrolles tendrás suficiente con el subconjunto que puedes representar.

Un número de tipo *int* se crea a partir de un literal que represente un número entero o bien como resultado de una expresión o una llamada a una función.

Ejemplos:

>>> a = -1 # a es de tipo int y su valor es -1

>>> b = a + 2 # b es de tipo int y su valor es 1

>>> print(b)

1

También podemos representar los números enteros en formato binario, octal o hexadecimal.

Los números octales se crean anteponiendo 0o a una secuencia de dígitos octales (del 0 al 7).

Para crear un número entero en hexadecimal, hay que anteponer 0x a una secuencia de dígitos en hexadecimal (del 0 al 9 y de la A la F).

En cuanto a los números en binario, se antepone 0b a una secuencia de dígitos en binario (0 y 1).

>>> diez = 10

>>> diez_binario = 0b1010

>>> diez_octal = 0o12

>>> diez_hex = 0xa

```
>>> print(diez)
10
>>> print(diez_binario)
10
>>> print(diez_octal)
10
>>> print(diez_hex)
10
```

Números de punto flotante

Los números reales son los que poseen decimales. En Python se expresan como tipo *float*. En otros lenguajes de programación, como C, se expresan como el tipo *double*, similar a *float* pero de mayor precisión (double = doble precisión).

Python, no obtante, implementa su tipo *float* a bajo nivel a través de una variable de tipo *double* de C, es decir, utilizando 64 bits, luego en Python siempre se utiliza doble precisión, y en concreto se sigue el estándar IEEE 754: 1 bit para el signo, 11 para el exponente, y 52 para la mantisa. Esto significa que los valores que puede representar van desde $\pm 2,2250738585072020 \times 10^{-308}$ hasta $\pm 1,79769313348623157 \times 10^{308}$.

La mayoría de los lenguajes de programación siguen el mismo esquema para la representación interna. Pero ésta tiene sus limitaciones, impuestas por el hardware.

Para aplicaciones comunes puedes utilizar el tipo *float* sin miedo, como se hace desde hace años, aunque tomando en cuenta que los números en coma flotante no son precisos (en ningún lenguaje de programación).

Si quieres representar un número real en Python se escribe primero la parte entera, seguido de un punto y por último la parte decimal.

real = 0.2703

También se puede utilizar notación científica, y añadir una *e* (de exponente) para indicar un exponente en base 10. Por ejemplo:

real = 0.1e-3

sería equivalente a 0.1 x 10-3 = 0.1 x 0.001 = 0.0001

Ejemplo de enteros float

Ejemplo de definición de tipo entero coma flotante

float_1, float_2, float_3 = 0.348, 10.5, 1.5e2

print float_1, type(float_1)

print float_2, type(float_2)

print float_3, type(float_3)

Ejemplo de definición de tipo entero coma flotante con exponente en base 10 real = 0.56e-3

print real, type(real)

Números Complejos

Son aquellos que tienen parte imaginaria. Y casi ni se utilizan. La mayor parte de lenguajes de programación carecen de este tipo, aunque sea muy utilizado por ingenieros y científicos en general.

Si usted necesita utilizar números complejos, o simplemente tiene curiosidad, este tipo, llamado complex en Python, también se almacena usando coma flotante, debido a que estos números son una extensión de los números reales.

Resumidamente se almacena en una estructura de C, compuesta por dos variables de tipo double, sirviendo una de ellas para almacenar la parte real y la otra para la parte imaginaria.

Los números complejos en Python se representan de la siguiente forma:

complejo = 2.1 + 7.8j

Ejemplo de enteros complex

A continuación, se presentan un ejemplo de su uso:

Ejemplo de definición de tipo entero complejos

complejo = 3.14j

print complejo, complejo.imag, complejo.real, type(complejo)

Cadena de caracteres

Este tipo es conocido como string aunque su clase verdadera es str. Formalmente, un string es una secuencia inmutable de caracteres en formato Unicode.

Para crear un string, simplemente tienes que encerrar entre comillas simples " o dobles "" una secuencia de caracteres.

Se puede usar comillas simples o dobles, con una particularidad. Si en la cadena de caracteres se necesita usar una comilla simple, tienes dos opciones: usar comillas dobles para encerrar el string, o bien, usar comillas simples pero anteponer el carácter \ a la comilla simple del interior de la cadena. El caso contrario es similar.

Veamos todo esto con un ejemplo:

```
>>> hola = 'Hola "Mundo"'
>>> hola_2 = 'Hola \'Mundo\''
>>> hola_3 = "Hola 'Mundo'"
>>> print(hola)
Hola "Mundo"
>>> print(hola_2)
Hola 'Mundo'
>>> print(hola_3)
Hola 'Mundo'
```

A diferencia de otros lenguajes, en Python no existe el tipo "carácter". No obstante, se puede simular con un string de un solo carácter:

```
>>> caracter_a = 'a'
>>> print(caracter_a)
a
```

Capítulo 5: Bloques de código y estructuras de control

Condicional if

Ésta se usa para tomar decisiones. Estas permiten condicionar la ejecución de uno o varios bloques de sentencias al cumplimiento de una o varias condiciones.

La estructura de control *if*... permite que un programa ejecute unas instrucciones cuando se cumplan una condición. En inglés "*if*" significa "si" (condición).

La sintaxis de la construcción *if* es la siguiente:

if condición:

   Aquí van las instrucciones que se ejecutan si la condición es cierta y que pueden ocupar varias líneas.

La ejecución de esta construcción es la siguiente:

-La condición se evalúa siempre.

-Si el resultado es *True* se ejecuta el bloque de sentencias

-Si el resultado es *False* no se ejecuta el bloque de sentencias.

Ejemplo:

numero = int(input("Escriba un número positivo: "))

if numero < 0:

    print("¡Le he dicho que escriba un número positivo!")

print(f"Ha escrito el número {numero}")

Bifurcaciones: if ... else ...

La estructura de control *if ... else ...* es aquella que permite que un programa ejecute unas instrucciones cuando se cumple una condición y otras instrucciones cuando no se cumple esa condición. En inglés "*if*" significa "si" (condición) y "*else*" significa "si no". La orden en Python se escribe así:

Sintaxis de la sentencia condicional if ... else ...

La sintaxis de la construcción *if... else ...* es la siguiente:

if condición:

    Aquí van las órdenes que se ejecutan si la condición es cierta y que pueden ocupar varias líneas

else:

    y aquí van las órdenes que se ejecutan si la condición es falsa y que también pueden ocupar varias líneas

La ejecución de esta construcción es la siguiente:

La condición se evalúa siempre.

Si el resultado es *True* se ejecuta solamente el bloque de sentencias 1

Si el resultado es *False* se ejecuta solamente el bloque de sentencias 2.

Ejemplo:

edad = int(input("¿Cuántos años tiene? "))

if edad < 18:

    print("Es usted menor de edad")

else:

    print("Es usted mayor de edad")

print("¡Hasta la próxima!")

Operadores lógicos

Son aquellos que permiten trabajar con valores booleanos, los llamados operadores lógicos o condicionales:

Operador and

El operador and evalúa si el valor del lado izquierdo y el lado derecho se cumple.

>>> True and False

False

Operador or

El operador *or* evalúa si el valor del lado izquierdo o el lado derecho se cumple.

>>> True or False

True

Operador not

El operador *not* devuelve el valor opuesto al valor booleano.

>>> not True

False

Si la expresión es *True* el valor devuelto es *False*, de lo contrario si la expresión es *False* el valor devuelto es *True*.

>>> not False

True

Ejemplos

A continuación, se presentan algunos ejemplos de su uso:

Definir variables usadas en los siguientes ejemplos:

a, b = 10, 20

Ejemplo de operador lógico and:

if (a and b):

    print "Las variables 'a' y 'b' son VERDADERO."
else:

    print "O bien la variable 'a' no es VERDADERO " + \
    "o la variable 'b' no es VERDADERO."

Ejemplo de operador lógico or:

if (a or b):

    print "O bien la variable 'a' es VERDADERA " + \
    "o la variable 'b' es VERDADERA " + \
    "o ambas variables son VERDADERAS."
else:

    print "Ni la variable 'a' es VERDADERA ni " + \
    "la variable 'b' es VERDADERA."

Ejemplo de operador lógico not:

if not(a and b):

    print "Ni la variable 'a' NO es VERDADERA " + \
    "o la variable 'b' NO es VERDADERA."
else:

    print "Las variables 'a' y 'b' son VERDADERAS."

Bucle while

Un bucle *while* permite repetir la ejecución de un grupo de instrucciones mientras se cumpla una condición (es decir, mientras la condición tenga el valor *True*). *While* es una palabra reservada para Python.

El ciclo *while* nos permite realizar múltiples iteraciones basándonos en el resultado de una expresión lógica que puede tener como resultado un valor *True* o *False*.

Tipos de Bucle 'while'

A continuación, se presentan algunos ejemplos del uso del bucle *while*:

Bucle '*while*' controlado por un contador

A continuación, se presenta un ejemplo del uso del bucle *while* controlado por conteo:

```
suma, numero = 0, 1

while numero <= 10:
    suma = numero + suma
    numero = numero + 1
print "La suma es " + str(suma)
```

En este ejemplo tenemos un contador con un valor inicial de cero, cada iteración del *while* maneja esta variable de manera que incremente su valor en 1, por lo que después de su primera iteración el contador tendrá un valor de 1, luego 2, y así sucesivamente.

Cuando el contador llegue a tener un valor de 10, la condición del ciclo numero <= 10 será *False*, por lo que el ciclo terminará arrojando el siguiente resultado.

Bucle '*while*' controlado por Evento

A continuación, se presenta un ejemplo del uso del bucle *while* controlado por Evento:

```python
promedio, total, contar = 0.0, 0, 0

print "Introduzca la calificación de un estudiante (-1 para salir): "
grado = int(raw_input())
while grado != -1:
    total = total + grado
    contar = contar + 1
    print "Introduzca la calificación de un estudiante (-1 para salir): "
    grado = int(raw_input())
promedio = total / contar
print "Promedio de calificaciones del grado escolar es: " + str(promedio)
```

En este casi el evento que se dispara cuando el usuario ingresa el valor -1, causando que el bucle *while* se interrumpo o no se inicie.

Bucle 'while' con 'else'

Al igual que la sentencia *if*, la estructura *while* también puede combinarse con una sentencia *else*).

El nombre de la sentencia *else* es equivocada, ya que el bloque *else* se ejecutará en todos los casos, es decir, cuando la expresión condicional del *while* sea *False*, (a comparación de la sentencia *if*).

```
promedio, total, contar = 0.0, 0, 0
mensaje = "Introduzca la calificación de un estudiante (-1 para salir): "

grado = int(raw_input(mensaje))
while grado != -1:
    total = total + grado
    contar += 1
    grado = int(raw_input(mensaje))
else:
    promedio = total / contar
```

print "Promedio de calificaciones del grado escolar: " +
str(promedio)

La sentencia *else* tiene la ventaja de mantener el mismo
nombre y la misma sintaxis que en las demás estructuras de
control.

Sentencias utilitarias

Seguidamente, presentamos algunos ejemplos del uso de
sentencias utilitarias usadas en el bucle *while*:

Sentencia break

A continuación, presentamos un ejemplo del uso del bucle
while controlado la sentencia *break*:

variable = 10

while variable > 0:
    print ' valor actual de variable:', variable
    variable = variable -1
    if variable == 7:
        break

También existe una forma alternativa de interrumpir o cortar
los ciclos utilizando la palabra reservada *break*.

Ésta nos da la posibilidad de salir del ciclo, incluso si la expresión evaluada en *while* (o en otro ciclo como *for*) permanece siendo *True*. Para comprenderlo mejor voy a usar el mismo ejemplo anterior pero se interrumpe el ciclo usando la sentencia *break*.

Sentencia continue

A continuación, se presenta un ejemplo del uso del bucle *while* controlado la sentencia *continue*:

```
variable = 10

while variable > 0:
    variable = variable -1
    if variable == 7:
        continue
    print 'Actual valor de variable:', variable
```

La sentencia *continue* hace que pase de nuevo al principio del bucle aunque no se haya terminado de ejecutar el ciclo anterior.

Ejemplos

Sucesión de Fibonacci

Ejemplo de la Sucesión de Fibonacci con bucle *while*:

a, b = 0, 1

while b < 100:

    print b,

    a, b = b, a + b

Bucle for

Es una estructura de control que repite un bloque de instrucciones. Un bucle *for* es un bucle que repite el bloque de instrucciones un número predeterminado de veces. El bloque de instrucciones que se repite se suele llamar cuerpo del bucle y cada repetición se suele llamar iteración.

La sintaxis de un bucle *for* es la siguiente:

for variable in elemento iterable (lista, cadena, range, etc.):
    cuerpo del bucle

No es necesario definir la variable de control antes del bucle, aunque se puede utilizar como variable de control una variable ya definida en el programa.

Tipos de Bucle 'for'

A continuación, se presentan algunos ejemplos del uso del bucle *for*:

Bucle 'for' con Listas

A continuación, se presenta un ejemplo del uso del bucle *for* con tipos de estructuras de datos listas:

```python
animales = ['pajaro', 'conejo', 'vaca']
for animal in animales:
    print "El animal es: {0}, tamaño de palabra es: {1}".format(
        animal, len(animal))
```

Bucle 'for' con Listas y función 'range'

A continuación, se presenta un ejemplo del uso del bucle *for* con tipos de estructuras de datos listas con la función *range()* y la función *len()*:

```python
oracion = 'Lola es muy buena programando'
frases = oracion.split() # convierte a una lista cada palabra
print "La oración analizada es:", oracion, ".\n"
for palabra in range(len(frases)):
    print "Palabra: {0}, en la frase su posición es: {1}".format(
        frases[palabra], palabra)
```

Si se necesita iterar sobre una secuencia de números. Genera una lista conteniendo progresiones aritméticas, por ejemplo, como se hace en el fragmento de código fuente anterior.

Bucle *'for'* con Tuplas

A continuación, se presenta un ejemplo del uso del bucle *for* con tipos de estructuras de datos Tuplas:

```python
conexion_bd = "127.0.0.1","root","456789","contabilidad"
for parametro in conexion_bd:
    print parametro
```

El ejemplo anterior itera una tupla de parámetros.

Bucle 'for' con Diccionarios

A continuación, se presenta un ejemplo del uso del bucle *for* con tipos de estructuras de datos diccionarios:

```python
datos_basicos = {
    "nombres":"Pedro Luis",
    "apellidos":"Perez Arjona",
    "cedula":"12025852",
    "fecha_nacimiento":"01/01/1980",
    "lugar_nacimiento":"New York, NY, EEUU",
    "nacionalidad":"Americano",
    "estado_civil":"Soltero"
}
clave = datos_basicos.keys()
```

```python
valor = datos_basicos.values()
cantidad_datos = datos_basicos.items()

for clave, valor in cantidad_datos:
    print clave + ": " + valor
```

El ejemplo anterior itera un diccionario con datos básicos de una persona.

Bucle *'for'* con *'else'*

Al igual que la sentencia *if* y el bucle *while*, la estructura *for* también puede combinarse con una sentencia *else*.

El nombre de la sentencia *else* es equivocada, ya que el bloque *else* se ejecutará en todos los casos, es decir, cuando la expresión condicional del bucle *for* sea *False*, (a comparación de la sentencia *if*).

```python
db_connection = "127.0.0.1","5432","root","contabilidad"
for parametro in db_connection:
    print parametro
else:
    print """El comando PostgreSQL es:
$ psql -h {server} -p {port} -U {user} -d {db_name}""".format(
        server=db_connection[0], port=db_connection[1],
```

user=db_connection[2], db_name=db_connection[3])

La sentencia *else* tiene la ventaja de mantener el mismo nombre y la misma sintaxis que en las demás estructuras de control.

Iteradores

Un iterador es un objeto que permite recorrer uno a uno los elementos almacenados en una estructura de datos, y hacer operaciones con ellos.

En Python, los iteradores tienen que implementar un método *next* que debe devolver los elementos, de a uno por vez, comenzando por el primero. Y al llegar al final de la estructura, debe levantar una excepción de tipo *StopIteration*.

Es decir que las siguientes estructuras son equivalentes.

```python
for elemento in secuencia:
    # hacer algo con elemento
```

```python
iterador = iter(secuencia)
while True:
    try:
        elemento = iterador.next()
    except StopIteration:
        break
    # hacer algo con elemento
```

Iteradores y secuencias

Los iteradores se usan con los tipos de secuencias estándar. A continuación, se describen algunos ejemplos:

Iterar sobre la secuencia inmutable cadena de carácter.

A continuación, un ejemplo del uso de los iteradores con la secuencia inmutable de tipo cadena de caracteres ASCII:

```
>>> frase = 'Hola Mundo'
>>> letra = iter(frase)
>>> letra.next()
'H'
>>> letra.next()
'o'
>>> letra.next()
'l'
>>> letra.next()
'a'
>>> letra.next()
' '
>>> letra.next()
'M'
>>> letra.next()
'u'
>>> letra.next()
```

'n'

>>> letra.next()

'd'

>>> letra.next()

'o'

>>> letra.next()

Traceback (most recent call last):

  File "<stdin>", line 1, in <module>

StopIteration

En el ejemplo anterior, cuando se itera en la secuencia frase, al llegar al final mediante el iterador letra se llama a la excepción *StopIteration* y se causa el detener la iteración.

Iterar sobre la secuencia inmutable cadena Unicode

A continuación, un ejemplo del uso de los iteradores con la secuencia inmutable de tipo cadena de caracteres Unicode:

>>> frase = u'Barcelona'

>>> letra = iter(frase)

>>> letra.next()

u'B'

>>> letra.next()

u'a'

```
>>> letra.next()
u'r'
>>> letra.next()
u'c'
>>> letra.next()
u'e'
>>> letra.next()
u'l'
>>> letra.next()
u'o'
>>> letra.next()
u'n'
>>> letra.next()
a'\xfc'
>>> letra.next()
Traceback (most recent call last):
  File "<stdin>", line 1, in <module>
StopIteration
```

En el ejemplo anterior, cuando se itera en la secuencia frase, al llegar al final mediante el iterador **letra** se llama a la excepción *StopIteration* y se causa el detener la iteración.

Iterar sobre la secuencia inmutable de tipo tupla

A continuación, un ejemplo del uso de los iteradores con la secuencia inmutable de tipo tupla:

```
>>> valores = ("Python", True, "Zope", 5)
>>> valores
('Python', True, "Zope", 5)
>>> valores.__iter__()
<tupleiterator object at 0x7fa44b9fa450>
>>> valor = valores.__iter__()
>>> valor.next()
'Python'
>>> valor.next()
True
>>> valor.next()
'Zope'
>>> valor.next()
5
>>> valor.next()
Traceback (most recent call last):
  File "<stdin>", line 1, in <module>
StopIteration
```

En el ejemplo anterior, cuando se itera en la secuencia valores, al llegar al final mediante el iterador valor se llama a la excepción *StopIteration* y se causa el detener la iteración.

Iterar sobre la función inmutable xrange

A continuación, un ejemplo del uso de los iteradores con la secuencia inmutable con la función integrada *xrange()*:


```
>>> lista = iter(xrange(5))
>>> lista
<rangeiterator object at 0x7fa44b9fb7b0>
>>> lista.next()
0
>>> lista.next()
1
>>> lista.next()
2
>>> lista.next()
3
>>> lista.next()
4
>>> lista.next()
Traceback (most recent call last):
  File "<stdin>", line 1, in <module>
StopIteration
```

En el ejemplo anterior, cuando se itera en la secuencia lista, al llegar al final se llama a la excepción *StopIteration* y se causa el detener la iteración.

Iterar sobre la secuencia mutable lista

A continuación, un ejemplo del uso de los iteradores con la secuencia mutable de tipo lista:

```
>>> versiones_plone = [2.1, 2.5, 3.6, 4, 5, 6]
>>> iter(versiones_plone)
<listiterator object at 0x7fa44b9fa450>
>>> version = iter(versiones_plone)
>>> version
<listiterator object at 0x7fa44b9fa550>
>>> version.next()
2.1
>>> version.next()
2.5
>>> version.next()
3.6
>>> version.next()
4
>>> version.next()
5
>>> version.next()
6
>>> version.next()
Traceback (most recent call last):
  File "<stdin>", line 1, in <module>
```

StopIteration

En el ejemplo anterior, cuando se itera en la secuencia *versiones_plone*, al llegar al final mediante el iterador *version* se llama a la excepción *StopIteration* y se causa el detener la iteración.

Usted puede devolver un objeto iterador en orden inverso sobre una secuencia mutable de tipo lista usando su función integrada *__reversed__()*.

```
>>> versiones_plone = [2.1, 2.5, 3.6, 4, 5, 6]
>>> versiones_plone.__reversed__()
<listreverseiterator object at 0xb712ebec>
>>> version = versiones_plone.__reversed__()
>>> version.next()
6
>>> version.next()
5
>>> version.next()
4
>>> version.next()
3.6
>>> version.next()
2.5
```

```
>>> version.next()
2.1
>>> version.next()
Traceback (most recent call last):
  File "<stdin>", line 1, in <module>
StopIteration
```

En el ejemplo anterior, cuando se itera en la secuencia *versiones_plone*, al llegar al final mediante el iterador *version* se llama a la excepción *StopIteration* y se causa el detener la iteración.

También puede acceder al uso del método especial __iter__() incluido en la secuencia mutable del tipo integrado lista:

```
>>> versiones_plone = [2.1, 2.5, 3.6, 4, 5, 6]
>>> versiones_plone.__iter__()
<listiterator object at 0x7fa44b9fa510>
Iterar sobre la función mutable range
```

A continuación, un ejemplo del uso de los iteradores con la secuencia mutable de la función integrada range():

```
>>> lista = iter(range(5))
>>> lista
```

```
<listiterator object at 0x7fa44b9fa490>
>>> lista.next()
0
>>> lista.next()
1
>>> lista.next()
2
>>> lista.next()
3
>>> lista.next()
4
>>> lista.next()
Traceback (most recent call last):
  File "<stdin>", line 1, in <module>
StopIteration
```

En el ejemplo anterior, cuando se itera en la secuencia lista, al llegar al final se llama a la excepción *StopIteration* y se causa el detener la iteración.

Iteradores y conjuntos

Los iteradores se usan con los tipos de conjuntos estándar. A continuación, se describen algunos ejemplos:

Iterar sobre el conjunto mutable

A continuación, un ejemplo del uso de los iteradores con el conjunto mutable de tipo conjuntos:

```
>>> versiones_plone = set([2.1, 2.5, 3.6, 4, 5, 6, 4])
>>> version = iter(versiones_plone)
>>> version
<setiterator object at 0x7fac9c7c7a50>
>>> version.next()
2.5
>>> version.next()
4
>>> version.next()
5
>>> version.next()
6
>>> version.next()
2.1
>>> version.next()
3.6
>>> version.next()
Traceback (most recent call last):
  File "<stdin>", line 1, in <module>
StopIteration
```

En el ejemplo anterior, cuando se itera en la secuencia *versiones_plone*, al llegar al final mediante el iterador *version* se llama a la excepción *StopIteration* y se causa el detener la iteración.

Iterar sobre el conjunto inmutable

A continuación, un ejemplo del uso de los iteradores con el conjunto inmutable de tipo conjuntos:

```
>>> versiones_plone = frozenset([6, 2.1, 2.5, 3.6, 4, 5, 4, 2.5])
>>> version = iter(versiones_plone)
>>> version
<setiterator object at 0x7fac9c7c7cd0>
>>> version.next()
2.5
>>> version.next()
4
>>> version.next()
5
>>> version.next()
6
>>> version.next()
2.1
>>> version.next()
```

3.6

```
>>> version.next()
```

Traceback (most recent call last):

  File "<stdin>", line 1, in <module>

StopIteration

En el ejemplo anterior, cuando se itera en la secuencia *versiones_plone*, al llegar al final mediante el *iterador version* se llama a la excepción *StopIteration* y se causa el detener la iteración.

Iteradores y mapeos

Los iteradores se usan con los tipos de secuencias estándar. A continuación, se describen algunos ejemplos:

Iterar sobre las claves del diccionario

A continuación, un ejemplo del uso de los iteradores con la secuencia de mapeo, tipo diccionario, por defecto muestra la clave de la secuencia:

```
>>> versiones_plone = dict(python=2.7, zope=2.13, plone=5.1)
>>> paquete = iter(versiones_plone)
>>> paquete
<dictionary-keyiterator object at 0x7fa44b9e99f0>
>>> paquete.next()
```

'zope'
>>> paquete.next()
'python'
>>> paquete.next()
'plone'
>>> paquete.next()
Traceback (most recent call last):
  File "<stdin>", line 1, in <module>
StopIteration

En el ejemplo anterior, cuando se itera en la secuencia *versiones_plone*, al llegar al final mediante el iterador paquete se llama a la excepción *StopIteration* y se causa el detener la iteración.

Iterar sobre los valores del diccionario

A continuación, un ejemplo del uso de los iteradores con la secuencia de mapeo, tipo diccionario para mostrar el valor de una clave usando el método integrado *itervalues()*:

>>> versiones_plone = dict(python=2.7, zope=2.13, plone=5.1)
>>> version = iter(versiones_plone.itervalues())
>>> version
<dictionary-valueiterator object at 0x7fa44b9e9c00>
>>> version.next()

2.13

>>> version.next()

2.7

>>> version.next()

5.1

>>> version.next()

Traceback (most recent call last):

  File "<stdin>", line 1, in <module>

StopIteration

En el ejemplo anterior, cuando se itera en la secuencia *versiones_plone*, al llegar al final mediante el iterador *version* se llama a la excepción *StopIteration* y se causa el detener la iteración.

Iterar sobre los elementos del diccionario

A continuación, un ejemplo del uso de los iteradores con la secuencia de mapeo, tipo diccionario para mostrar el par clave/valor usando el método integrado *iteritems()*:

>>> versiones_plone = dict(python=2.7, zope=2.13, plone=5.1)

>>> paquete = iter(versiones_plone.iteritems())

>>> paquete

<dictionary-itemiterator object at 0x7fa44b9e9b50>

```
>>> paquete.next()
('zope', 2.13)
>>> paquete.next()
('python', 2.7)
>>> paquete.next()
('plone', 5.1)
>>> paquete.next()
Traceback (most recent call last):
  File "<stdin>", line 1, in <module>
StopIteration
```

En el ejemplo anterior, cuando se itera en la secuencia *versiones_plone*, al llegar al final mediante el iterador paquete se llama a la excepción *StopIteration* y se causa el detener la iteración.

Loops in Python
While Loops (bucle while)

Es aquella que nos permite ejecutar ciclos, o bien secuencias periódicas que nos permiten ejecutar código múltiples veces.

El ciclo *while* nos permite realizar múltiples iteraciones basándonos en el resultado de una expresión lógica que puede tener como resultado un valor *True* o *False*.

Tipos de Bucle 'while'

A continuación, se presentan algunos ejemplos del uso del bucle *while*:

Bucle *'while'* controlado por Conteo

A continuación, presentamos un ejemplo del uso del bucle *while* controlado por conteo:

```python
suma, numero = 0, 1

while numero <= 10:
    suma = numero + suma
    numero = numero + 1
print "La suma es " + str(suma)
```

Este ejemplo tiene un contador con un valor inicial de cero, cada iteración del *while* manipula esta variable de manera que incremente su valor en 1, por lo que después de su primera iteración el contador tendrá un valor de 1, luego 2, y así sucesivamente.

Eventualmente cuando el contador llegue a tener un valor de 10, la condición del ciclo numero <= 10 sera *False*, por lo que el ciclo terminará arrojando el siguiente resultado.

Bucle 'while' controlado por Evento
A continuación, se presenta un ejemplo del uso del bucle *while* controlado por Evento:

```
promedio, total, contar = 0.0, 0, 0


print "Introduzca la calificación de un estudiante (-1 para salir): "
grado = int(raw_input())
while grado != -1:
    total = total + grado
    contar = contar + 1
    print "Introduzca la calificación de un estudiante (-1 para salir): "
    grado = int(raw_input())
promedio = total / contar
```

print "Promedio de calificaciones del grado escolar es: " +
str(promedio)

En este casi el evento que se dispara cuando el usuario ingresa el valor -1, causando que el bucle *while* se interrumpo o no se inicie.

Bucle 'while' con 'else'
Al igual que la sentencia *if*, la estructura *while* también puede combinarse con una sentencia *else*.

El nombre de la sentencia *else* es equivocada, ya que el bloque *else* se ejecutará en todos los casos, es decir, cuando la expresión condicional del *while* sea *False*, (a comparación de la sentencia *if*).

```
promedio, total, contar = 0.0, 0, 0
mensaje = "Introduzca la calificacion de un estudiante (-1
para salir): "

grado = int(raw_input(mensaje))
while grado != -1:
    total = total + grado
    contar += 1
    grado = int(raw_input(mensaje))
else:
```

promedio = total / contar

print "Promedio de calificaciones del grado escolar: " + str(promedio)

La sentencia *else* tiene la ventaja de mantener el mismo nombre y la misma sintaxis que en las demás estructuras de control.

Sentencias utilitarias

A continuación, se presentan algunos ejemplos del uso de sentencias utilitarias usadas en el bucle *while*:

Sentencia break

A continuación, presentamos un ejemplo del uso del bucle *while* controlado con la sentencia *break*:

```
variable = 10

while variable > 0:
    print 'Actual valor de variable:', variable
    variable = variable -1
    if variable == 5:
      break
```

Adicionalmente existe una forma alternativa de interrumpir o cortar los ciclos utilizando la palabra reservada *break*.

Esta nos permite salir del ciclo incluso si la expresión evaluada en *while* (o en otro ciclo como *for*) permanece siendo *True*. Para comprender mejor use el mismo ejemplo anterior pero se interrumpe el ciclo usando la sentencia *break*.

Sentencia continue

A continuación, se presenta un ejemplo del uso del bucle *while* controlado la sentencia *continue*:


```
variable = 10
while variable > 0:
   variable = variable -1
   if variable == 5:
     continue
   print 'Actual valor de variable:', variable
```

La sentencia *continue* hace que pase de nuevo al principio del bucle aunque no se haya terminado de ejecutar el ciclo anterior.

Ejemplos

Sucesión de Fibonacci

Ejemplo de la Sucesión de Fibonacci con bucle *while*:


```
a, b = 0, 1
```

```
while b < 100:
    print b,
    a, b = b, a + b
```

Capítulo 6: Funciones y programación estructurada

Programación estructurada

La programación estructurada es un paradigma de programación basado en utilizar funciones o subrutinas, y únicamente tres estructuras de control:

1. **Secuencia**: ejecución de una sentencia tras otra.
2. **Selección o condicional**: ejecución de una sentencia o conjunto de sentencias, según el valor de una variable booleana.
3. **Iteración (ciclo o bucle):** ejecución de una sentencia o conjunto de sentencias, mientras una variable booleana sea verdadera.

Este paradigma se fundamente en un teorema que dice que toda función computable puede ser implementada en un lenguaje de programación que combine sólo estas tres estructuras lógicas o de control.

La estructura de secuencia es la que se da naturalmente en el lenguaje, ya que por defecto las sentencias son ejecutadas en el orden en que aparecen escritas en el programa.

Para las estructuras condicionales o de selección, Python dispone de la sentencia *if,* que puede combinarse con sentencias *elif* y/o *else.*

Para los bucles o iteraciones existen las estructuras *while* y *for.*

Ventajas del paradigma de la programación estructurada

Entre las ventajas de la programación estructurada sobre el modelo anterior (hoy llamado de forma despectiva código espagueti), cabe mencionar las siguientes:

1. Los programas son muy fáciles de entender, se pueden leer de forma secuencial y no hay necesidad de tener que rastrear saltos de líneas (*GOTO*) dentro de los bloques de código para intentar entender la lógica interna.
2. Es clara su estructura, puesto que las sentencias están más ligadas o relacionadas entre sí.
3. En las fases de pruebas y depuración se optimiza el esfuerzo. El seguimiento de los fallos o errores del programa (debugging), y con él su detección y corrección, se facilita enormemente.

4. Los costos de mantenimiento se reducen. Análogamente a la depuración, durante la fase de mantenimiento, modificar o extender los programas resulta muchísimo más fácil.

5. Los programas son más rápidos sencillos y de confeccionar.

6. Aumenta el rendimiento de los programadores.

Funciones

Una función es un bloque de código de programación con un nombre asociado, que recibe cero o más argumentos como entrada, sigue una secuencia de comandos, la cuales ejecuta una operación deseada y devuelve un valor y/o realiza una tarea, este bloque puede ser llamado cuando se necesite.

El uso de funciones es un componente muy importante del paradigma de la programación llamada estructurada, y tiene varias ventajas:

- **Modularización**: permite segmentar un programa complejo en una serie de partes o módulos más simples, facilitando así la programación y el depurado.

- **Reutilización**: permite reutilizar una misma función en distintos programas.

- Python dispone de una serie de **funciones integradas** al lenguaje, y también permite **crear funciones** definidas por el usuario para ser usadas en sus propios programas.

Sentencia *def*

La sentencia *def* es una definición de función usada para crear objetos definidas por el usuario.

Una función es una sentencia ejecutable. Su ejecución enlaza el nombre de la función en el *namespace* local actual a un objeto función (un envoltorio alrededor del código ejecutable para la función). Este objeto función contiene una referencia al *namespace* local global como el *namespace* global para ser usado cuando la función es llamada.

La definición de función no ejecuta el cuerpo de la función; esto es ejecutado solamente cuando la función es llamada.

La sintaxis para una definición de función en Python es:

```
def NOMBRE(LISTA_DE_PARAMETROS):
    """DOCSTRING_DE_FUNCION"""
    SENTENCIAS
```

RETURN [EXPRESION]

A continuación se detallan el significado de pseudo código fuente anterior:

NOMBRE, es el nombre de la función.

LISTA_DE_PARAMETROS, es la lista de parámetros que puede recibir una función.

DOCSTRING_DE_FUNCION, es la cadena de caracteres usada para documentar la función.

SENTENCIAS, es el bloque de sentencias en código fuente Python que realizar cierta operación dada.

RETURN, es la sentencia *return* en código Python.

EXPRESION, es la expresión o variable que devuelve la sentencia return.

Un ejemplo simple de función es la siguiente:

```
>>> def hola(arg):
...     """El docstring de la función"""
...     print "Hola", arg, "!"
...
>>> hola("Miguel")
Hola Miguel !
```

Advertencia

Los bloques de *function* deben estar indentados como otros bloques estructuras de control.

La palabra reservada *def* es usada para definir funciones. Debe seguirle el nombre de la función en el ejemplo anterior hola() y la lista de parámetros formales entre paréntesis. Las sentencias que forman el cuerpo de la función empiezan en la línea siguiente, y deben estar indentadas.

La primera sentencia del cuerpo de la función puede ser opcionalmente una cadena de caracter literal; esta es la cadena de caracteres de documentación de la función, o *docstrings*.

Hay herramientas que utilizan las *docstrings* para producir automáticamente documentación en línea o impresa, o para permitirle al usuario que navegue el código en forma interactiva; es una buena práctica incluir *docstrings* en el código que uno escribe, por lo que se debe hacer un hábito de esto.

La ejecución de la función hola() muestra la impresión del mensaje Hola Miguel! que se imprime por consola. Devolver el objeto por los valores de retorno opcionales.

La ejecución de una función introduce una nueva tabla de símbolos usada para las variables locales de dicha función. Más exactamente, todas las asignaciones de variables en la función almacenan el valor en la tabla de símbolos local; así mismo la referencia a variables primero mira la tabla de símbolos local, luego en la tabla de símbolos local de las funciones externas, luego la tabla de símbolos global, y finalmente la tabla de nombres predefinidos. Así, no se les puede asignar directamente un valor a las variables globales dentro de una función (a menos se las nombre en la sentencia global), aunque si pueden ser referenciadas.

Los parámetros reales (argumentos) de una función se introducen en la tabla de símbolos local de la función llamada cuando esta es ejecutada; así, los argumentos son pasados por valor (dónde el valor es siempre una referencia a un objeto, no el valor del objeto). Cuando una función llama a otra función, una nueva tabla de símbolos local es creada para esa llamada.

La definición de una función introduce el nombre de la función en la tabla de símbolos actual. El valor del nombre de la función tiene un tipo que es reconocido por el intérprete como una función definida por el usuario. Este valor puede ser asignado a otro nombre que luego puede ser usado como una función. Esto sirve como un mecanismo general para renombrar.

Argumentos y parámetros

Al definir una función, los valores por los cuales se reciben se denominan parámetros, pero durante la llamada los valores que se envían se denominan argumentos.

Por posición

Cuando envía argumentos a una función, estos se reciben por orden en los parámetros definidos. Se dice por tanto que son argumentos por posición:

```
>>> def resta(a, b):
...     return a - b
...
>>> resta(40, 25)
15
```

En el ejemplo anterior el argumento 40 es la posición 0 por consiguiente es el parámetro de la función a, seguidamente el argumento 25 es la posición 1 por consiguiente es el parámetro de la función b.

Por nombre

Sin embargo es posible evadir el orden de los parámetros si indica durante la llamada qué valor tiene cada parámetro a partir de su nombre:

```
>>> def resta(a, b):
...     return a - b
...
>>> (b=25, a=40)
-15
```

Llamada sin argumentos

Al momento de llamar una función la cual tiene definidos unos parámetros, si no pasa los argumentos correctamente provocará una excepción *TypeError*:

```
>>> resta()
Traceback (most recent call last):
  File "<stdin>", line 1, in <module>
TypeError: resta() takes exactly 2 arguments (0 given)
```

Parámetros por defecto

Para solucionar la excepción *TypeError* ejecutada al momento de la llamada a una función sin argumentos, entonces usted puede asignar unos valores por defecto nulos a los parámetros, de esa forma puede hacer una comprobación antes de ejecutar el código de la función:

```
>>> def resta(a=None, b=None):
...     if a == None or b == None:
...         print "Error, debes enviar dos números a la función"
...         return
...     return a - b
...
>>> resta(40, 25)
15
>>> resta()
Error, debes enviar dos números a la función
```

Como puede ver el código anterior, se indica el final de la función luego de la sentencia print, usando la sentencia return aunque no devuelva nada.

Argumentos indeterminados

Algunas veces usted no sabe previamente cuantos elementos necesita enviar a una función. En estos casos puede utilizar los parámetros indeterminados por posición y por nombre.

Por posición

Usted debe crear una lista dinámica de argumentos, es decir, un tipo tupla, definiendo el parámetro con un asterisco, para recibir los parámetros indeterminados por posición:

```
>>> def indeterminados_posicion(*args):
...     for arg in args:
...         print arg
...
>>> indeterminados_posicion(5,"Hola Miguel",[1,2,3,4,5])
5
Hola Miguel
[1, 2, 3, 4, 5]
```

Por nombre

Para recibir un número indeterminado de parámetros por nombre (clave-valor o en inglés keyword args), usted debe crear un diccionario dinámico de argumentos definiendo el parámetro con dos asteriscos:

```
>>> def indeterminados_nombre(**kwargs):
...     print kwargs
...
>>> indeterminados_nombre(n=5, c="Hola Pedro",
l=[1,2,3,4,5])
{'c': 'Hola Pedro', 'l': [1, 2, 3, 4, 5], 'n': 5}
```

Al recibirse como un diccionario, puede iterarlo y mostrar la clave y valor de cada argumento:

```
>>> def indeterminados_nombre(**kwargs):
...     for kwarg in kwargs:
...         print kwarg, "=>", kwargs[kwarg]
...
>>> indeterminados_nombre(n=5, c="Hola Pedro", l=[1,2,3,4,5])
c => Hola Pedro
l => [1, 2, 3, 4, 5]
n => 5
```

Por posición y nombre

Si requiere aceptar ambos tipos de parámetros simultáneamente en una función, entonces debe crear ambas colecciones dinámicas. Primero los argumentos indeterminados por valor y luego los cuales son por clave y valor:

```
>>> def super_funcion(*args,**kwargs):
...     total = 0
...     for arg in args:
...         total += arg
...     print "sumatorio => ", total
```

```
...     for kwarg in kwargs:
...         print kwarg, "=>", kwargs[kwarg]
...
>>> super_funcion(50, -1, 1.56, 10, 20, 300, cms="Pedro",
edad=38)
sumatorio =>  380.56
edad => 38
cms => Pedro
```

Los nombres args y kwargs no son obligatorios, pero se suelen utilizar por convención.

Muchos frameworks y librerías los utilizan por lo que es una buena práctica llamarlos así.

Sentencia pass

Es una operación nula — cuando es ejecutada, nada sucede. Eso es útil como un contenedor cuando una sentencia es requerida sintácticamente, pero no necesita código que ser ejecutado, por ejemplo:

```
>>> # una función que no hace nada (aun)
... def consultar_nombre_genero(letra_genero): pass
...
>>> type(consultar_nombre_genero)
<type 'function'>
```

```
>>> consultar_nombre_genero("M")
>>>
>>> # una clase sin ningún método (aun)
... class Persona: pass
...
>>> macagua = Persona
>>> type(macagua)
<type 'classobj'>
```

Sentencia return

Las funciones pueden comunicarse con el exterior de las mismas, al proceso principal del programa usando la sentencia return. El proceso de comunicación con el exterior se hace devolviendo valores. A continuación, un ejemplo de función usando return:

```
def suma(numero1,numero2):
    '''función la cual suma dos números'''
    print numero1 + numero2
    print "\n"
```
Esta función se llama de la siguiente forma:

```
>>> suma(23,74)
97
```

Nota

Por defecto, las funciones retorna el valor None.

Retorno múltiple

Una característica interesante, es la posibilidad de devolver valores múltiples separados por comas:

```
>>> def prueba():
...     return "Pedro CMS", 20, [1,2,3]
...
>>> prueba()
('Pedro CMS', 20, [1, 2, 3])
```

En el código anterior los valores múltiples se tratan en conjunto como una tupla inmutable y se pueden reasignar a distintas variables:

```
>>> def prueba():
...     return "Pedro CMS", 20, [1,2,3]
...
>>> prueba()
('Pedro CMS', 20, [1, 2, 3])
>>> cadena, numero, lista = prueba()
>>> print cadena, type(cadena)
Pedro CMS <type 'str'>
>>> print numero, type(numero)
```

20 <type 'int'>

>>> print lista, type(lista)

[1, 2, 3] <type 'list'>

En el código anterior puedes observar cómo se asignan a distintas variables en base a los valores de la tupla inmutable.

Ejemplo de funciones

Funciones

Definición de funciones

A continuación, se presenta un ejemplo del uso de definir funciones:

```
def iva():
    '''función básica para el cálculo del IVA'''
    iva = 12
    costo = input('¿Cuál es el monto a calcular?: ')
    calculo = costo * iva / 100
    print "El cálculo de IVA es: " + str(calculo) + "\n"
```

Invocar funciones

A continuación, se presenta un ejemplo del uso de llamar funciones:

\>\>\> iva()

¿Cuál es el monto a calcular?: 300

36

Funciones con argumentos múltiple

A continuación, se presenta un ejemplo del uso de funciones con argumentos múltiple:

```python
def suma(numero1,numero2):
    '''función la cual suma dos números'''
    print numero1 + numero2
    print "\n"
```

Y se llama de la siguiente forma:

\>\>\> suma(23,74)

97

Funciones avanzadas

Funciones de predicado

Las funciones de predicado no es más que una función la cual dice si algo es *True* o *False*, es decir, es una función que devuelve un tipo de datos booleano.

Funciones anónimas

Es una función sin nombre. Es decir, es posible ejecutar una función sin referenciar un nombre, en Python puede ejecutar una función sin definirla con *def*.

De hecho son similares pero con una diferencia fundamental, el contenido de una función anónima debe ser una única expresión en lugar de un bloque de acciones.

Las funciones anónimas se implementan en Python con las funciones o expresiones *lambda*, esta es unas de las funcionalidades más potentes de Python, pero a la vez es la más confusa para los principiantes.

Más allá del sentido de función que usted tiene hasta el momento, con su nombre y sus acciones internas, una función en su sentido más trivial significa realizar algo sobre algo. Por tanto se podría decir que, mientras las funciones anónimas *lambda* sirven para realizar funciones simples, las funciones definidas con *def* sirven para manejar tareas más extensas.

Expresión lambda

Si deconstruye una función sencilla, puede llegar a una función *lambda*. Por ejemplo la siguiente función es para doblar un valor de un número:

```
>>> def doblar(numero):

...     resultado = numero*2

...     return resultado


>>> doblar(2)

4

>>> type(doblar)

<type 'function'>
```

Si el código fuente anterior se simplifica se verá, de la siguiente forma:

```
>>> def doblar(numero):

...     return numero*2


>>> doblar(2)

4

>>> type(doblar)
```

<type 'function'>

Usted puede todavía simplificar más, escribirlo todo en una sola línea, de la siguiente forma:

```
>>> def doblar(numero): return numero*2


>>> lambda numero: numero*2
<function <lambda> at 0x7f1023944e60>
>>> doblar(2)
4
>>> type(doblar)
<type 'function'>
```

Esta notación simple es la que una función lambda intenta replicar, observe, a continuación se va a convertir la función en una función anónima:

```
>>> lambda numero: numero*2
<function <lambda> at 0x7f1023944e60>
```

En este ejemplo tiene una función anónima con una entrada que recibe número, y una salida que devuelve numero * 2.

Lo único que necesita hacer para utilizarla es guardarla en una variable y utilizarla tal como haría con una función normal:

```
>>> doblar = lambda numero: numero*2

>>> doblar(2)

4

>>> type(doblar)

<type 'function'>
```

Con la flexibilidad de Python usted puede implementar infinitas funciones simples. Usted puede encontrar más ejemplos de funciones anónimas usando *lambda* en la sección ejemplos de funciones avanzadas.

Usted puede explotar al máximo la función *lambda* utilizándola en conjunto con otras funciones como filter() y map().

Ejemplos de funciones avanzadas

Función lambda - operaciones aritméticas

A continuación, se presenta un ejemplo para comprobar si un número es impar:

```
>>> impar = lambda numero: numero%2 != 0
>>> impar(5)
True
```

Función lambda - operaciones de cadena

A continuación, se presenta un ejemplo para darle la vuelta a una cadena rebanándola en sentido inverso:

```
>>> revertir = lambda cadena: cadena[::-1]
>>> revertir("Pedro")
'enolP'
>>> revertir("ordeP")
'Pedro'
```

Función lambda - varios parámetros

A continuación, se presenta un ejemplo para varios parámetros, por ejemplo para sumar dos números:

```
>>> sumar = lambda x,y: x+y
>>> sumar(5,2)
```

Funciones recursivas

Son funciones que se llaman a sí mismas durante su propia ejecución. Ellas funcionan de forma similar a las iteraciones, pero debe encargarse de planificar el momento en que dejan de llamarse a sí mismas o tendrá una función recursiva infinita.

Estas funciones se estilan utilizar para dividir una tarea en sub-tareas más simples de forma que sea más fácil abordar el problema y solucionarlo.

Función recursiva sin retorno

Un ejemplo de una función recursiva sin retorno, es el ejemplo de cuenta regresiva hasta cero a partir de un número:

```python
>>> def cuenta_regresiva(numero):
...     numero -= 1
...     if numero > 0:
...         print numero
...         cuenta_regresiva(numero)
...     else:
...         print "Booooooooom!"
```

...   print "Fin de la función", numero

...

>>> cuenta_regresiva(5)

4

3

2

1

Boooooooom!

Fin de la función 0

Fin de la función 1

Fin de la función 2

Fin de la función 3

Fin de la función 4

Función recursiva con retorno

Un ejemplo de una función recursiva con retorno, es el ejemplo del cálculo del factorial de un número corresponde al producto de todos los números desde 1 hasta el propio número. Es el ejemplo con retorno más utilizado para mostrar la utilidad de este tipo de funciones:

```
>>> def factorial(numero):

...     print "Valor inicial ->",numero

...     if numero > 1:

...         numero = numero * factorial(numero -1)

...     print "valor final ->",numero

...     return numero

...

>>> print factorial(5)

Valor inicial -> 5

Valor inicial -> 4

Valor inicial -> 3

Valor inicial -> 2

Valor inicial -> 1

valor final -> 1

valor final -> 2

valor final -> 6

valor final -> 24
```

valor final -> 120

120

Funciones de orden superior

Las funciones de Python pueden tomar funciones como parámetros y devolver funciones como resultado. Una función que hace ambas cosas o alguna de ellas se llama función de orden superior.

filter()

La función *filter()* es una función la cual toma un predicado y una lista y devuelve una lista con los elementos que satisfacen el predicado. Tal como su nombre indica *filter()* significa filtrar, ya que a partir de una lista o iterador y una función condicional, es capaz de devolver una nueva colección con los elementos filtrados que cumplan la condición.

Todo esto podría haberse logrado también usando listas por comprensión que usaran predicados. No hay ninguna regla que diga cuando usar la función *map()* o la función *filter()* en lugar de las listas por comprensión, simplemente debe decidir que es más legible dependiendo del contexto.

Por ejemplo, suponga que tiene una lista varios números y requiere filtrarla, quedando únicamente con los números múltiples de 5, eso sería así:

```
>>> # Primero declaramos una función condicional

def multiple(numero):

# Comprobamos si un número es múltiple de cinco

if numero % 5 == 0:

    # Sólo devolvemos True si lo es

    return True


>>> numeros = [2, 5, 10, 23, 50, 33]

>>> filter(multiple, numeros)

[5, 10, 50]
```

Si ejecuta el filtro obtiene una lista los números múltiples de 5. Por tanto cuando utiliza la función *filter()* tiene que enviar una función condicional, para esto, puede utilizar una función anónima *lambda*, como se muestra a continuación:

>>> numeros = [2, 5, 10, 23, 50, 33]

>>> filter(lambda numero: numero%5 == 0, numeros)

[5, 10, 50]

Así, en una sola línea ha definido y ejecutado el filtro utilizando una función condicional anónima y devolviendo una lista de números.

Filtrando objetos

Sin embargo, más allá de filtrar listas con valores simples, el verdadero potencial de la función *filter()* sale a relucir cuando usted necesita filtrar varios objetos de una lista.

Por ejemplo, dada una lista con varias personas, a usted le gustaría filtrar únicamente las cuales son menores de edad:

>>> class Persona:

...

...   def __init__(self, nombre, edad):

...   self.nombre = nombre

...   self.edad = edad

...

```python
...     def __str__(self):

...         return "{} de {} años".format(self.nombre, self.edad)

...

>>> personas = [

...     Persona("Leonardo", 38),

...     Persona("Ana", 33),

...     Persona("Sabrina", 12),

...     Persona("Enrique", 3)

... ]

>>> menores = filter(lambda persona: persona.edad < 18,
personas)

>>> for menor in menores:

print menor

Sabrina de 12 años

Enrique de 3 años
```

Este es un ejemplo sencillo, con el cual usted puede realizar filtrados con objetos, de forma amigable.

La función *map()* toma una función y una lista y aplica esa función a cada elemento de esa lista, produciendo una nueva lista. Va a ver su definición de tipo y como se define.

Esta función trabaja de una forma muy similar a *filter()*, con la diferencia que en lugar de aplicar una condición a un elemento de una lista o secuencia, aplica una función sobre todos los elementos y como resultado se devuelve un lista de números doblado su valor:

>>> def doblar(numero):

return numero*2

>>> numeros = [2, 5, 10, 23, 50, 33]

>>> map(doblar, numeros)

[4, 10, 20, 46, 100, 66]

Usted puede simplificar el código anterior usando una función lambda para substituir la llamada de una función definida, como se muestra a continuación:

>>> map(lambda x: x*2, numeros)

[4, 10, 20, 46, 100, 66]

La función *map()* se utiliza mucho junto a expresiones lambda ya que permite evitar escribir bucles *for*.

Además se puede utilizar sobre más de un objeto iterable con la condición que tenga la misma longitud. Por ejemplo, si requiere multiplicar los números de dos listas:


```
>>> a = [1, 2, 3, 4, 5]

>>> b = [6, 7, 8, 9, 10]

>>> map(lambda x,y : x*y, a,b)

[6, 14, 24, 36, 50]
```

E incluso usted puede extender la funcionalidad a tres listas o más:

```
>>> a = [1, 2, 3, 4, 5]

>>> b = [6, 7, 8, 9, 10]

>>> c = [11, 12, 13, 14, 15]

>>> map(lambda x,y,z : x*y*z, a,b,c)

[66, 168, 312, 504, 750]
```

Evidentemente, siempre que la función *map()* la utilice correctamente podrá mapear una serie de objetos sin ningún problema:

```
>>> class Persona:

...

...     def __init__(self, nombre, edad):

...         self.nombre = nombre

...         self.edad = edad

...

...     def __str__(self):

...         return "{} de {} años".format(self.nombre, self.edad)

...

>>> personas = [

...     Persona("Leonardo", 38),

...     Persona("Ana", 33),

...     Persona("Sabrina", 12),

...     Persona("Enrique", 3)
```

...]

>>> def incrementar(p):

...   p.edad += 1

...   return p

...

>>> personas = map(incrementar, personas)

>>> for persona in personas:

...   print persona

...

Leonardo de 39 años

Ana de 34 años

Sabrina de 13 años

Enrique de 4 años

Claro que en este caso tiene que utilizar una función definida porque no necesitamos actuar sobre la instancia, a no ser que usted se tome la molestia de rehacer todo el objeto:

>>> class Persona:

...

```
...     def __init__(self, nombre, edad):

...         self.nombre = nombre

...         self.edad = edad

...

...     def __str__(self):

...         return "{} de {} años".format(self.nombre, self.edad)

...

>>> personas = [

...     Persona("Leonardo", 38),

...     Persona("Ana", 33),

...     Persona("Sabrina", 12),

...     Persona("Enrique", 3)

... ]
>>> def incrementar(p):

...     p.edad += 1

...     return p

...
```

```
>>> personas = map(lambda p: Persona(p.nombre,
p.edad+1), personas)

>>> for persona in personas:

...     print persona

...

Leonardo de 39 años

Ana de 34 años

Sabrina de 13 años

Enrique de 4 años
```

lambda

La expresión *lambda*, es una función anónima que suelen ser usadas cuando necesita una función una sola vez. Normalmente usted crea funciones lambda con el único propósito de pasarlas a funciones de orden superior.

En muchos lenguajes, el uso de lambdas sobre funciones definidas causa problemas de rendimiento. No es el caso en Python.

```
>>> import os

>>> archivos = os.listdir(os.__file__.replace("/os.pyc", "/"))
```

\>>> print filter(lambda x: x.startswith('os.'), archivos)

['os.pyc', 'os.py']

En el ejemplo anterior se usa el método os.__file__ para obtener la ruta donde está instalada el módulo os en su sistema, ejecutando la siguiente sentencia:

\>>> os.__file__

'/usr/lib/python2.7/os.pyc'

Si con el método os.__file__ obtiene la ruta del módulo os con el método replace("/os.pyc", "/") busca la cadena de carácter "/os.pyc" y la remplaza por la cadena de carácter "/"

\>>> os.__file__.replace("/os.pyc", "/")

'/usr/lib/python2.7/'

Luego se define la variable archivos generando una lista de archivos usando la función *os.listdir()*, pasando el parámetro obtenido de la ruta donde se instaló el módulo *os* ejecutando en el comando previo, con la siguiente sentencia:

\>>> archivos = os.listdir("/usr/lib/python2.7/")

De esta forma se define en la variable archivos un tipo lista con un tamaño de 433, como se puede comprobar a continuación:

```
>>> type(archivos)

<type 'list'>

>>> len(archivos)

443
```

Opcionalmente puede comprobar si la cadena de caracteres *os.pyc* se encuentras una de las posiciones de la lista archivos, ejecutando la siguiente sentencia:

```
>>> "os.pyc" in archivos

True
```

Ya al comprobar que existe la cadena de caracteres "os.pyc" se usa una función lambda como parámetro de la función *filter()* para filtrar todos los archivos del directorio "/usr/lib/python2.7/" por medio del función os.listdir() que inicien con la cadena de caracteres "os." usando la función startswith().

```
>>> print filter(lambda x: x.startswith('os.'),
os.listdir('/usr/lib/python2.7/'))

['os.pyc', 'os.py']
```

Así de esta forma se comprueba que existe el archivo compilado "os.pyc" de Python junto con el mismo módulo Python "os.py".

Funciones integradas

El intérprete Python tiene un número de funciones integradas (built-in) dentro del módulo *__builtins__*, las cuales están siempre disponibles. Estas funciones están listadas en orden alfabético a continuación:

Funciones generales

Las funciones de uso general se describen a continuación:

apply()

La función *apply()* devuelve el resultado de una función o objeto clase llamado con argumentos soportados.

```
>>> def demo(valor1, valor2, valor3-None):
...     return valor1, valor2, valor3

...

>>> apply(demo, (1, 2), {'valor3': 3})

(1, 2, 3)
```

callable()

La función *callable()* le indica si un objeto puede ser llamado.

>>> callable([1,2,3])

False

>>> callable(callable)

True

>>> callable(False)

False

>>> callable(list)

True

Una función se puede llamar, una lista no se puede llamar. Incluso la función integrada *callable()* se puede llamar.

compile()

La función *compile()* devuelve un código objeto Python. Usted usa la función integrada Python para convertir de la cadena de caracteres de código al código objeto.

>>>

```
>>> exec(compile('a=5\nb=7\nprint a+b','','exec'))
12
```

Aquí, *exec* es el modo. El parámetro anterior que eso es el nombre del archivo para la forma del archivo el cual el código es leído. Finalmente, es ejecutado usando la función *exec()*.

credits()

Imprime el texto de la lista de contribuidores.

```
>>> credits()
    Thanks to CWI, CNRI, BeOpen.com, Zope Corporation
and a cast of thousands

    for supporting Python development.  See www.python.org
for more information.
```

copyright()

Imprime el texto de la nota de copyright.

```
>>> copyright()
Copyright (c) 2001-2020  Python Software Foundation.
```

All Rights Reserved.

Copyright (c) 2000 BeOpen.com.

All Rights Reserved.

Copyright (c) 1995-2001 Corporation for National Research Initiatives.

All Rights Reserved.

Copyright (c) 1991-1995 Stichting Mathematisch Centrum, Amsterdam.

All Rights Reserved.

dir()

Si es llamado sin argumentos, devuelve los nombres en el ámbito actual.

```
>>> dir()
['__builtins__', '__doc__', '__name__', '__package__']
```

De lo contrario, devuelve una lista alfabética de nombres que comprende (alguno(s) de) los atributos de un objeto dato, y de los atributos legibles desde este.

```
>>> dir(__builtins__)
```

['ArithmeticError', 'AssertionError', 'AttributeError',

'BaseException', 'BufferError', 'BytesWarning',

'DeprecationWarning', 'EOFError', 'Ellipsis',

'EnvironmentError', 'Exception', 'False', 'FloatingPointError',

'FutureWarning', 'GeneratorExit', 'IOError', 'ImportError',

'ImportWarning', 'IndentationError', 'IndexError', 'KeyError',

'KeyboardInterrupt', 'LookupError', 'MemoryError', 'NameError',

'None', 'NotImplemented', 'NotImplementedError', 'OSError',

'OverflowError', 'PendingDeprecationWarning', 'ReferenceError',

'RuntimeError', 'RuntimeWarning', 'StandardError',

'StopIteration', 'SyntaxError', 'SyntaxWarning', 'SystemError',

'SystemExit', 'TabError', 'True', 'TypeError',

'UnboundLocalError', 'UnicodeDecodeError', 'UnicodeEncodeError',

'UnicodeError', 'UnicodeTranslateError', 'UnicodeWarning',

'UserWarning', 'ValueError', 'Warning', 'ZeroDivisionError',

'_', '__debug__', '__doc__', '__import__', '__name__',

'__package__', 'abs', 'all', 'any', 'apply', 'basestring',

'bin', 'bool', 'buffer', 'bytearray', 'bytes', 'callable',

'chr', 'classmethod', 'cmp', 'coerce', 'compile', 'complex',

'copyright', 'credits', 'delattr', 'dict', 'dir', 'divmod',

'enumerate', 'eval', 'execfile', 'exit', 'file', 'filter',

'float', 'format', 'frozenset', 'getattr', 'globals',

'hasattr', 'hash', 'help', 'hex', 'id', 'input', 'int',

'intern', 'isinstance', 'issubclass', 'iter', 'len',

'license', 'list', 'locals', 'long', 'map', 'max', 'memoryview',

'min', 'next', 'object', 'oct', 'open', 'ord', 'pow', 'print',

'property', 'quit', 'range', 'raw_input', 'reduce', 'reload',

'repr', 'reversed', 'round', 'set', 'setattr', 'slice', 'sorted',

'staticmethod', 'str', 'sum', 'super', 'tuple', 'type', 'unichr',

'unicode', 'vars', 'xrange', 'zip']

Si el objeto soporta un método llamado *__dir__*, ese será usado; de lo contrario se usa la lógica *dir()* predeterminada y devuelve:

Para un objeto módulo: los atributos del módulo.

```
>>> import os
>>> type(os)
<type 'module'>
>>> dir(os)
```

['EX_CANTCREAT', 'EX_CONFIG', 'EX_DATAERR', 'EX_IOERR',

'EX_NOHOST', 'EX_NOINPUT', 'EX_NOPERM', 'EX_NOUSER',

'EX_OK', 'EX_OSERR', 'EX_OSFILE', 'EX_PROTOCOL',

'EX_SOFTWARE', 'EX_TEMPFAIL', 'EX_UNAVAILABLE', 'EX_USAGE',

'F_OK', 'NGROUPS_MAX', 'O_APPEND', 'O_ASYNC', 'O_CREAT',

'O_DIRECT', 'O_DIRECTORY', 'O_DSYNC', 'O_EXCL', 'O_LARGEFILE',

'O_NDELAY', 'O_NOATIME', 'O_NOCTTY', 'O_NOFOLLOW', 'O_NONBLOCK',

'O_RDONLY', 'O_RDWR', 'O_RSYNC', 'O_SYNC', 'O_TRUNC', 'O_WRONLY',

'P_NOWAIT', 'P_NOWAITO', 'P_WAIT', 'R_OK', 'SEEK_CUR', 'SEEK_END',

'SEEK_SET', 'ST_APPEND', 'ST_MANDLOCK', 'ST_NOATIME', 'ST_NODEV',

'ST_NODIRATIME', 'ST_NOEXEC', 'ST_NOSUID', 'ST_RDONLY',

'ST_RELATIME', 'ST_SYNCHRONOUS', 'ST_WRITE', 'TMP_MAX', 'UserDict',

'WCONTINUED', 'WCOREDUMP', 'WEXITSTATUS', 'WIFCONTINUED', 'WIFEXITED',

'WIFSIGNALED', 'WIFSTOPPED', 'WNOHANG', 'WSTOPSIG', 'WTERMSIG',

'WUNTRACED', 'W_OK', 'X_OK', '_Environ', '__all__', '__builtins__',

'__doc__', '__file__', '__name__',

...

...

...]

>>> print os.__doc__

OS routines for NT or Posix depending on what system we're on.

This exports:

 - all functions from posix, nt, os2, or ce, e.g. unlink, stat, etc.

  - os.path is one of the modules posixpath, or ntpath

   os.name is 'posix', 'nt', 'os2', 'ce' or 'riscos'

  - os.curdir is a string representing the current directory ('.' or ':')

  - os.pardir is a string representing the parent directory ('..' or '::')

  - os.sep is the (or a most common) pathname separator ('/' or ':' or '\\')

  ...

  ...

  ...

para un objeto clase: sus atributos, y recursivamente los atributos de sus clases bases.

```python
>>> class Persona(object):
...     """Clase que representa una Persona"""
...     def __init__(self, cedula, nombre, apellido, sexo):
...         """ Constructor de clase Persona """
...         self.cedula = cedula
...         self.nombre = nombre
...         self.apellido = apellido
...         self.sexo = sexo
...     def __str__(self):
...         """Devuelve una cadena representativa a una Persona"""
...         return "%s: %s %s, %s." % (
...             str(self.cedula), self.nombre,
...             self.apellido, self.sexo
...         )
...     def hablar(self, mensaje):
...         """Mostrar mensaje de saludo de Persona"""
```

```
...         print mensaje
...
>>> type(Persona)
<type 'type'>
>>> vars()
{'Persona': <class '__main__.Persona'>,
'__builtins__': <module '__builtin__' (built-in)>,
'__package__': None, '__name__': '__main__',
'os': <module 'os' from '/usr/lib/python2.7/os.pyc'>,
'__doc__': None}
>>> dir(Persona)
['__class__', '__delattr__', '__dict__', '__doc__',
'__format__', '__getattribute__', '__hash__',
'__init__', '__module__', '__new__', '__reduce__',
'__reduce_ex__', '__repr__', '__setattr__',
'__sizeof__', '__str__', '__subclasshook__',
'__weakref__', 'hablar']
```

```
>>> Persona.__dict__
dict_proxy({'__module__': '__main__',
'__str__': <function __str__ at 0x7fab8aaad758>,
'__dict__': <attribute '__dict__' of 'Persona' objects>,
'hablar': <function hablar at 0x7fab8aaad7d0>,
'__weakref__': <attribute '__weakref__' of 'Persona' objects>,
'__doc__': ' Clase que representa una persona. ',
'__init__': <function __init__ at 0x7fab8aaad6e0>})
>>> Persona.__doc__
' Clase que representa una persona. '
>>> Persona.__init__.__doc__
' Constructor de clase Persona '
>>> Persona.hablar.__doc__
' Mostrar mensaje de saludo de Persona '
```

para cualquier otro objeto: sus atributos, sus atributos de clases, y recursivamente los atributos de esas clases bases de las clases.

```
>>> type(int)
```

```
<type 'type'>
>>> dir(int)
['__abs__', '__add__', '__and__', '__class__', '__cmp__',
'__coerce__', '__delattr__', '__div__', '__divmod__',
'__doc__', '__float__', '__floordiv__', '__format__',
'__getattribute__', '__getnewargs__', '__hash__', '__hex__',
'__index__', '__init__', '__int__', '__invert__', '__long__',
'__lshift__', '__mod__', '__mul__', '__neg__', '__new__',
'__nonzero__', '__oct__', '__or__', '__pos__', '__pow__',
'__radd__', '__rand__', '__rdiv__', '__rdivmod__',
'__reduce__',
'__reduce_ex__', '__repr__', '__rfloordiv__', '__rlshift__',
'__rmod__', '__rmul__', '__ror__', '__rpow__', '__rrshift__',
'__rshift__', '__rsub__', '__rtruediv__', '__rxor__',
'__setattr__', '__sizeof__', '__str__', '__sub__',
'__subclasshook__', '__truediv__', '__trunc__', '__xor__',
'bit_length', 'conjugate', 'denominator', 'imag', 'numerator',
```

'real']

eval()

Evalúa una cadena como una expresión:

>>> eval('2 + 5')

7

Además si se han definido anteriormente variables las acepta como parámetros:

>>> numero = 10

>>> eval('numero * 10 - 5')

95

execfile()

La función *execfile()* lee y ejecuta un script Python desde un archivo. Los *globals* y *locals* son diccionarios, por defecto a los actuales *globals* y *locals*. Si solamente *globals* es dado, *locals* es por defecto a la misma.

>>> execfile('./holamundo.py')

Hola Mundo

globals()

La función *globals()* devuelve un diccionario conteniendo ámbito actual global de las variables.

>>> globals()

{'__builtins__': <module '__builtin__' (built-in)>,

'__package__': None, '__name__': '__main__', '__doc__': None}

La función *globals()* puede ser usada para devolver los nombres en el *namespaces* global dependiendo en la locación desde donde ella es llamada.

Si la función *globals()* es llamada desde una función, eso devolverá todos los nombres que pueden ser accesibles globalmente desde esa función.

El tipo de dato devuelto por función es un tipo diccionario. Por lo tanto, los nombres pueden ser extraídos usando la función integrada *keys()*.

help()

Invoca el menú de ayuda del intérprete de Python:

>>> help()

Welcome to Python 2.7! This is the online help utility.

If this is your first time using Python, you should definitely check out

the   tutorial   on   the   Internet   at
http://docs.python.org/2.7/tutorial/.

Enter the name of any module, keyword, or topic to get help on writing

Python programs and using Python modules. To quit this help utility and

return to the interpreter, just type "quit".

To get a list of available modules, keywords, or topics, type "modules",

"keywords", or "topics". Each module also comes with a one-line summary

of what it does; to list the modules whose summaries contain a given word such as "spam", type "modules spam".

help>

id()

La función *id()* devuelve la identidad de un objeto. Esto garantiza ser el único entre objetos simultáneamente existentes. (Sugerencia: es la dirección de memoria del objeto).

```
>>> lista = range(5)
>>> lista
[0, 1, 2, 3, 4]
>>> id(lista)
139703096777904
```

len()

Devuelve el número de elementos de un tipo de secuencia o colección.

```
>>> len("pedro perez")

11
```

license()

Imprime el texto de la licencia.

```
>>> license

Type license() to see the full license text

>>> license()

A. HISTORY OF THE SOFTWARE

==============================

Python was created in the early 1990s by Guido van Rossum at Stichting

Mathematisch Centrum (CWI, see http://www.cwi.nl) in the Netherlands

as a successor of a language called ABC.  Guido remains Python's

principal author, although it includes many contributions from others.
```

In 1995, Guido continued his work on Python at the Corporation for

National Research Initiatives (CNRI, see http://www.cnri.reston.va.us)

in Reston, Virginia where he released several versions of the

software.

In May 2000, Guido and the Python core development team moved to

BeOpen.com to form the BeOpen PythonLabs team. In October of the same

year, the PythonLabs team moved to Digital Creations (now Zope

Corporation, see http://www.zope.com). In 2001, the Python Software

Foundation (PSF, see http://www.python.org/psf/) was formed, a

non-profit organization created specifically to own Python-related

Intellectual Property.   Zope Corporation is a sponsoring member of

the PSF.

All   Python   releases   are   Open   Source   (see http://www.opensource.org for

Hit Return for more, or q (and Return) to quit:

locals()

La función *locals()* devuelve un diccionario conteniendo ámbito actual local de las variables.

>>> locals()

{'__builtins__': <module '__builtin__' (built-in)>,

'__package__': None, '__name__': '__main__', '__doc__': None}

La función *locals()* puede ser usadas para devolver los nombres en el *namespaces* local dependiendo en la locación desde donde ella es llamada.

Si la función *locals()* es llamada desde una función, eso devolverá todos los nombres que pueden ser accesibles localmente desde esa función.

El tipo de dato devuelto por la función es un tipo diccionario. Por lo tanto, los nombres pueden ser extraídos usando la función integrada *keys()*.

open()

La función *open()* es definida dentro del módulo integrado io, esta le permite abrir un archivo usando el tipo objeto file, devuelve un objeto del tipo file (ej. archivo), y se llama habitualmente con de dos a tres argumentos:

file(nombre[, modo[, buffering]]) -> objeto archivo

Los argumentos son:

nombre, es una cadena de caracteres que indica el nombre de archivo (incluso ruta relativa o absoluta).

modo, es una cadena de unos pocos caracteres describiendo la forma en la que se usará el archivo, como se indica a continuación:

Modo Notas

r   el archivo se abre en modo de solo lectura, no se puede escribir (argumento por defecto).

w   modo de solo escritura (si existe un archivo con el mismo nombre, se borra).

a   modo de agregado (append), los datos escritos se agregan al final del archivo.

r+   el archivo se abre para lectura y escritura al mismo tiempo.

b   el archivo se abre en modo binario, para almacenar cualquier cosa que no sea texto.

U   el archivo se abre con soporte a nueva linea universal, cualquier fin de linea ingresada será como un \n en Python.

buffering, si este argumento es dado, 0 significa sin búfer, 1 significa búfer de línea y los números más grandes especifican el tamaño del búfer.

Para crear y abrir un archivo, seria así:

```
>>> archivo = open('datos.txt', 'w')

>>> type(archivo)

<type 'file'>
```

El archivo será creado si no existe cuando es abierto para escribir o agregar data. Es archivo será truncado cuando es abierto para escritura.

Agregue una '*U*' a modo para abrir el archivo para la entrada con soporte de nueva línea universal. Cualquier línea que termine en el archivo de entrada se verá como '*n*' en Python. Además, un archivo así abierto gana el atributo *newlines*; el valor para este atributo es uno de Ninguno (aún no se ha leído una nueva línea), \r, \n, \r\n o una tupla que contiene todos los tipos de nueva línea que se han visto.

range()

La función *range()* devuelve una lista conteniendo una progresión aritmética de enteros.

range(inicio, detener[, paso]) -> lista de enteros

>>> range(3,9)

[3, 4, 5, 6, 7, 8]

range(i, j) devuelve [i, i+1, i+2, ..., j-1]; inicia (!) por defecto en 0.

Cuando el paso es definido como un tercer argumento, ese especifica el incremento (o decremento).

>>> range(3,9,2)

[3, 5, 7]

En el ejemplo anterior, la función *range(3,9,2)* devuelve [3, 5, 7], es decir, el rango inicia en 3 y termina en 9 incrementando cada 2 números.

range(detener) -> lista de enteros

>>> range(4)

[0, 1, 2, 3]

En el ejemplo anterior, la función range(4) devuelve [0, 1, 2, 3]. ¡El punto final es omitido!. Hay exactamente los índices válidos para una lista de 4 elementos.

reload()

Cuando el modulo es importado dentro de un script, el código en la porción del nivel superior de un módulo es ejecutado solamente una vez.

Por lo tanto, si usted quiere volver a ejecutar la porción del nivel superior el código de un módulo, usted puede usar la función *reload()*. Esta función importa otra vez un módulo previamente importado. La sintaxis de la función *reload()* es la siguiente:

>>> reload(module_name)

Aquí, *module_name* es el nombre del módulo que usted quiere volver a cargar y no la cadena de caracteres contendiente el nombre del módulo. Por ejemplo, para recargar el modulo *clases.py*, debe hacer lo siguiente:

>>> import clases

>>> reload(clases)

xrange()

El tipo *xrange* es un tipo secuencia inmutable utilizada normalmente en bucles. La ventaja de la función *xrange()* sobre la función *range()*, es que devuelve un objeto *xrange* el cual ocupa siempre la misma cantidad de memoria, independientemente del rango el cual represente.


```
>>> for item in range(5):
...     print item
...
0
1
```

2

3

4

>>> for item in xrange(5):

...   print item

...

0

1

2

3

4

>>>

Como la función *xrange(),* devuelve un objeto el cual genera los números en el rango a demanda. Para bucles, esto es un poco más rápido que la función *range()* y más eficiente en la memoria.

>>> print xrange(5)

xrange(5)

```
>>> type(xrange(5))

<type 'xrange'>

>>> dir(xrange(5))

['__class__', '__delattr__', '__doc__', '__format__',

'__getattribute__', '__getitem__', '__hash__', '__init__',

'__iter__',    '__len__',    '__new__',    '__reduce__',
'__reduce_ex__',

'__repr__', '__reversed__', '__setattr__', '__sizeof__',

'__str__', '__subclasshook__']
```

La ventaja de la función *xrange()* es excepto en hardware impedido en cuestión de memoria (por ejemplo, MS-DOS) o cuando nunca se utilizan todos los elementos del rango (por ejemplo, porque se suele interrumpir la ejecución del bucle con la sentencia break).

type()

La función *type()* devuelve el tipo del objeto que recibe como argumento.

```
>>> type(2)
```

```
<type 'int'>

>>> type(2.5)

<type 'float'>

>>> type(True)

<type 'bool'>

>>> type("Hola Mundo")

<type 'str'>

>>> type(int)

<type 'type'>

>>> type(str)

<type 'type'>

>>> type(None)

<type 'NoneType'>

>>> type(object)

<type 'type'>

>>> import os

>>> type(os)
```

<type 'module'>

>>> type(format)

<type 'builtin_function_or_method'>

vars()

La función *vars()* devuelve un diccionario conteniendo ámbito actual de las variables.

>>> vars()

{'__builtins__':   <module   '__builtin__'   (built-in)>, '__package__':

None, '__name__': '__main__', '__doc__': None}

La función *vars()* sin argumentos, equivale a la función *locals()*. Si se llama con un argumento equivale a la sentencia *object.__dict__*.

Funciones de entrada y salida

Las funciones de tipos numéricos se describen a continuación:

input()

Equivalente a la función *eval(raw_input(prompt))*

Lee una cadena de caracteres desde la entrada estándar.

```
>>> dato = input("Por favor, ingresa un dato: "); dato;
type(dato)
```

Por favor, ingresa un dato: 2

2

<type 'int'>

```
>>> dato = input("Por favor, ingresa un dato: "); dato;
type(dato)
```

Por favor, ingresa un dato: 23.4

23.4

<type 'float'>

```
>>> dato = input("Por favor, ingresa un dato: "); dato;
type(dato)
```

Por favor, ingresa un dato: 23L

23L

<type 'long'>

En el caso que quiera ingresar una cadena de caracteres desde la entrada estándar usando la función *input()*, debe colocar la cadena de caracteres entre comillas simples o dobles, como el siguiente ejemplo:


```
>>> dato = input("Por favor, ingresa un dato: "); dato; type(dato)
```

Por favor, ingresa un dato: pedro

Traceback (most recent call last):

  File "<stdin>", line 1, in <module>

  File "<string>", line 1, in <module>

NameError: name 'pedro' is not defined

```
>>> dato = input("Por favor, ingresa un dato: "); dato; type(dato)
```

Por favor, ingresa un dato: "pedro"

'pedro'

<type 'str'>

```
>>> dato = input("Por favor, ingresa un dato: "); dato; type(dato)
```

Por favor, ingresa un dato: pedro perez

  File "<string>", line 1

    Pedro perez

             ^

SyntaxError: unexpected EOF while parsing

>>> dato = input("Por favor, ingresa un dato: "); dato; type(dato)

Por favor, ingresa un dato: "pedro perez"

'pedro perez'

<type 'str'>

raw_input()

Lee una cadena de caracteres desde la entrada estándar. La nueva línea final es despojada. Si el usuario indica un EOF (Unix: Ctl-D, Windows: Ctl-Z+Return), lanza una excepción EOFError. En sistemas Unix, la librería GNU *readline* es usada si es habilitada. El *prompt* de la cadena de caracteres, si es dado, es impreso sin una nueva línea final antes de leer.

```python
>>> dato = raw_input("Por favor, ingresa un dato: "); dato; type(dato)
Por favor, ingresa un dato: 2
'2'
<type 'str'>
>>> dato = raw_input("Por favor, ingresa un dato: "); dato; type(dato)
Por favor, ingresa un dato: 2.3
'2.3'
<type 'str'>
>>> dato = raw_input("Por favor, ingresa un dato: "); dato; type(dato)
Por favor, ingresa un dato: 23L
'23L'
<type 'str'>
>>> dato = raw_input("Por favor, ingresa un dato: "); dato; type(dato)
Por favor, ingresa un dato: pedro
```

'pedro'

<type 'str'>

>>> dato = raw_input("Por favor, ingresa un dato: "); dato; type(dato)

Por favor, ingresa un dato: "pedro"

'"pedro"'

<type 'str'>

>>> dato = raw_input("Por favor, ingresa un dato: "); dato; type(dato)

Por favor, ingresa un dato: pedro perez

'pedro perez'

<type 'str'>

>>> dato = raw_input("Por favor, ingresa un dato: "); dato; type(dato)

Por favor, ingresa un dato: "pedro perez"

'"pedro perez"'

<type 'str'>

Funciones numéricas

Las funciones de tipos numéricos se describen a continuación:

abs()

Devuelve el valor absoluto de un número (entero o de coma flotante).

```
>>> abs(3)
3
>>> abs(-3)
3
>>> abs(-2.5)
2.5
```

bin()

Devuelve una representación binaria de un número entero o entero *long*, es decir, lo convierte de entero a binario.

```
>>> bin(10)
```

'0b1010'

cmp()

La función *cmp()* devuelve un valor negativo si x<y, un valor cero si x==y, un valor positivo si x>y:

>>> cmp(1,2)

-1

>>> cmp(2,2)

0

>>> cmp(2,1)

1

complex()

La función *complex()* devuelve un número complejo *complex*. Es un constructor, que crea un entero *complex* a partir de un entero, entero *long*, entero *float* (cadenas de caracteres formadas por números y hasta un punto), o una cadena de caracteres que sean coherentes con un número entero.

>>> complex(23)

(23+0j)

>>> complex(23L)

(23+0j)

>>> complex(23.4)

(23.4+0j)

>>> complex("23")

(23+0j)

>>> complex("23.6")

(23.6+0j)

La función *complex()* sólo procesa correctamente cadenas que contengan exclusivamente números. Si la cadena contiene cualquier otro carácter, la función devuelve una excepción *ValueError*.

>>> complex("qwerty")

Traceback (most recent call last):

  File "<stdin>", line 1, in <module>

ValueError: complex() arg is a malformed string

divmod()

Debe recibir dos argumentos numéricos, y devuelve dos valores: resultado de la división entera, y el resto.

>>> divmod(22, 4)

(5, 2)

float()

La función *float()* devuelve un número coma flotante *float*. Es un constructor, que crea un coma flotante a partir de un entero, entero long, entero *float* (cadenas de caracteres formadas por números y hasta un punto) o una cadena de caracteres que sean coherentes con un número entero.

>>> float(2)

2.0

>>> float(23L)

23.0

>>> float(2.5)

2.5

>>> float("2")

2.0

```
>>> float("2.5")
```

2.5

hex()

Devuelve una representación hexadecimal de un número entero o entero *long*, es decir, lo convierte de entero a hexadecimal.

```
>>> hex(10)
```

'0xa'

int()

La función *int()* devuelve un número entero. Es un constructor, que crea un entero a partir de un entero *float*, entero *complex* o una cadena de caracteres que sean coherentes con un número entero.

```
>>> int(2.5)
```

2

También puede convertir una cadena de caracteres a un número entero.

>>> int("23")

23

La función *int()* sólo procesa correctamente cadenas que contengan exclusivamente números. Si la cadena contiene cualquier otro carácter, la función devuelve una excepción *ValueError*.

>>> int("2.5")

Traceback (most recent call last):

  File "<stdin>", line 1, in <module>

ValueError: invalid literal for int() with base 10: '2.5'

>>>

>>> int("doscientos")

Traceback (most recent call last):

  File "<stdin>", line 1, in <module>

ValueError: invalid literal for int() with base 10: 'doscientos'

long()

La función *long()* devuelve un número entero *long*. Es un constructor, que crea un entero *long* a partir de un entero, entero *float* o una cadena de caracteres que sean coherentes con un número entero.

>>> long(23)

23L

>>> long(23.4)

23L

También puede convertir una cadena de caracteres a un número entero.

>>> long("23")

23

La función *long()* sólo procesa correctamente cadenas que contengan exclusivamente números. Si la cadena contiene cualquier otro carácter, la función devuelve una excepción *ValueError*.

```
>>> long("23.4")

Traceback (most recent call last):

  File "<stdin>", line 1, in <module>

ValueError: invalid literal for long() with base 10: '23.4'

>>>

>>> long("23,4")

Traceback (most recent call last):

  File "<stdin>", line 1, in <module>

ValueError: invalid literal for long() with base 10: '23,4'
```

max()

Si recibe más de un argumento, devuelve el mayor de ellos.

```
>>> max(23, 12, 145, 88)

145

>>> type(max(23, 12, 145, 88))
```

<type 'int'>

>>> max("a", "Z")

'a'

>>> type(max("a", "Z"))

<type 'str'>

Si recibe un solo argumento, devuelve el mayor de sus
elementos. Debe ser un objeto iterable; puede ser una cadena
de caracteres, o alguno de los otros tipos de secuencia o
colección.

>>> max("Hola, Pedro")

'o'

>>> type(max("Hola, Pedro"))

<type 'str'>

min()

Tiene un comportamiento similar a *max()*, pero devuelve el
mínimo.

>>> min(23, 12, 145, 88)

12

>>> type(min(23, 12, 145, 88))

<type 'int'>

>>> min("Hola, Pedro")

' '

>>> type(min("Hola, Pedro"))

<type 'str'>

pow()

La función **pow()** si recibe dos (02) argumentos, eleva el primero argumento a la potencia del segundo argumento.

>>> pow(2, 3)

8

>>> pow(10, 2)

100

>>> pow(10, -2)

0.01

Si recibe un tercer argumento opcional, éste funciona como módulo.

>>> pow(2, 3, 3)

2

reduce()

La función *reduce()* aplica una función de dos argumentos de forma acumulativa a los elementos de un tipo de secuencia, de izquierda a derecha, para reducir la secuencia a un solo valor. La sintaxis seria la siguiente:

>>> reduce(funcion, secuencia[, inicial]) -> valor

A continuación un ejemplo:

```
>>> reduce(lambda x, y: x + y, [1, 2, 3, 4, 5])
15

>>> (((((1+2)+3)+4)+5)
15
```

En el ejemplo anterior, calcula el siguiente calculo (((((1+2)+3)+4)+5).

Si el argumento inicial está presente, se coloca antes de los elementos de la secuencia en el cálculo y sirve como valor predeterminado cuando la secuencia está vacía.

```
>>> reduce(lambda x, y: x + y, [1, 2, 3, 4, 5], 5 * 5)
40
```

En el ejemplo anterior, la función, usada es lambda x, y: x + y, la secuencia es la lista [1, 2, 3, 4, 5] y el argumento inicial es 5 * 5

```
>>> reduce(lambda x, y: x + y, [0, 0, 0, 0, 0], 5 * 5)
25
```

En el ejemplo anterior, la función, usada es lambda x, y: x + y, la secuencia es la lista [0, 0, 0, 0, 0] y el argumento inicial es 5 * 5

round()

La función *round()* redondea un número flotante a una precisión dada en dígitos decimal (por defecto 0 dígitos). Esto siempre devuelve un número flotante. La precisión tal vez sea negativa.

En el siguiente ejemplo redondeo de un número flotante a entero, mayor o igual a .5 al alza:

>>> round(5.5)

6.0

En este otro ejemplo redondeo de un número flotante a entero, menor de .5 a la baja:

>>> round(5.4)

5.0

sum()

La función *sum()* devuelve una lista ordenada de los elementos de la secuencia que recibe como argumento (lista o cadena). La secuencia original no es modificada.

```
>>> lista = [1, 2, 3, 4]
>>> sum(lista)
10
```

oct()

La función *oct()* convierte un número entero en una cadena en base octal, antecedida del prefijo '0'.

```
>>> oct(8)
'010'
>>> oct(123)
'0173'
```

Funciones de booleanos

Las funciones de tipos booleanos se describen a continuación:

bool()

La función *bool()*, es un constructor, el cual crea un tipo de datos booleanos, devuelve un tipo booleano *True* cuando el argumento dado es *True*, de lo contrario *False*.

```
>>> bool()
False
>>> bool(True)
True
```

Convertir desde un tipo entero a tipo booleano:

```
>>> bool(0)
False
>>> bool(1)
```

True

Convertir desde un tipo entero *float* de forma recursiva usando la función *int()* a tipo booleano:

```
>>> bool(int(0.1))
False
>>> bool(int(1.0))
True
```

Convertir desde un tipo cadena de caracteres de forma recursiva usando la función *str()* y la función *int()* a tipo booleano:

```
>>> bool(int(str('0')))
False
>>> bool(int(str('1')))
True
```

Funciones de cadenas de caracteres

Las funciones de tipos cadena de caracteres se describen a continuación:

capitalize()

La función *capitalize()* devuelve una cadenas de caracteres con MAYÚSCULA la primera palabra.

>>> 'pedro perez'.capitalize()

'Pedro perez'

chr()

La función *chr()* recibe como argumento un entero, y devuelve una cadena con el carácter cuyo código *Unicode* corresponde a ese valor. El rango válido para el argumento es de 0 a 256.

>>> chr(64)

'@'

>>> chr(36)

'$'

```
>>> chr(94)
```

```
'^'
```

```
>>> chr(126)
```

```
'~'
```

endswith()

La función *endswith()* devuelve un valor booleano *True* o *False* si coincide que la cadena termine con el criterio enviado por parámetros en la función.

```
>>> 'pedro perez'.endswith("ro")
```

```
False
```

```
>>> 'pedro perez'.endswith("ez")
```

```
True
```

expandtabs()

La función *expandtabs()* devuelve una copia de la cadena de caracteres donde todos los caracteres *tab* (tabulación) son remplazados por uno o más espacios, depende en la actual columna y el tamaño del *tab* dado.

```
>>> 'Pedro Perez\tPython Developer\tpperez@promer.com'.expandtabs()
'Pedro Perez     Python Developer        tpperez@promer.com'
```

Usted puede indicar el tamaño de la tecla tab vía parámetro de la función:

```
>>> 'Pedro Perez\tPython Developer\tpperez@promer.com".expandtabs(4)
'Pedro Perez  Python Developer    tpperez@promer.com'
>>> 'Pedro Perez\tPython Developer\tpperez@promer.com'.expandtabs(2)
'Pedro Perez  Python Developer  tpperez@promer.com'
```

find()

La función *find()* devuelve un valor numérico 0 si encuentra el criterio de búsqueda o -1 si no coincide el criterio de búsqueda enviado por parámetros en la función.

```
>>> 'pedro perez'.find("ped")
0
```

>>> 'pedro perez'.find("aro")

-1

format()

La función integrada *format()* devuelve una representación formateada de un valor dato controlado por el especificador de formato.

La función integrada *format()* es similar al método *format()* disponible en el tipo de cadena de caracteres. Internamente, ambos llaman al método *__format__()* de un objecto.

Mientras, la función integrada *format()* es una implementación de bajo nivel para formatear un objeto usando *__format__()* internamente, el método *format()* del tipo de cadena de caracteres es una implementación de alto nivel disponible para ejecutar operaciones de formateo complejas en múltiples objeto de cadena de caracteres.

La sintaxis de la función integrada *format()* es:

format(value[, format_spec])

La a función integrada *format()* toma dos parámetros:

value - valor que necesita formatear.

format_spec - La especificación en como el valor debe ser formateado.

A continuación, un ejemplo de un valor número entero, sería de la siguiente forma:

```
>>> print format(123,"d")
123
```

A continuación, un ejemplo de un valor número *float*, seria de la siguiente forma:

```
>>> print format(123.456789,"f")
123.456789
```

A continuación, un ejemplo de un valor binario, seria de la siguiente forma:

\>\>\> print format(10,"b")

1010

A continuación, un ejemplo de un valor número entero con formato especifico, seria de la siguiente forma:

\>\>\> print format(1234,"*>+7,d")

*+1,234

En el ejemplo anterior cuando se formatea el número entero 1234, usted especifico el especificador de formato *<+7,d. Seguidamente, se describe cada opción a continuación:

* Es la opción del carácter de relleno, el cual rellena los espacios vacíos después del formato.

> Es la opción de alineación a la derecha, el cual alinea la cadena de caracteres de salida a la derecha.

+ Es la opción de signo, el cual obliga al número a ser firmado (con un signo a su izquierda).

7 Es la opción ancho, el cual obliga el número que tome un mínimo de ancho de 7, otros espacios serán rellenado por el carácter de relleno.

, Ese es el operador miles, el cual coloca un carácter coma entre todos los números miles.

d Es la opción tipo que especifica que el número es un número entero.

A continuación, un ejemplo de un valor número *float* con formato específico, seria de la siguiente forma:

>>> print format(123.4567, "^-09.3f")

0123.4570

En el ejemplo anterior cuando se formatea el número *float* 123.4567, usted especifico el especificador de formato ^-09.3f. Seguidamente, se describe cada opción a continuación:

^ Es la opción de alineación centrar, el cual alinea la cadena de caracteres de salida al centro del espacio restante.

- Es la opción de signo el cual obliga solo a los números negativos a mostrar el signo.

0 Ese es el carácter, el cual es colocado en lugar de los espacios vacíos.

9 Es la opción de ancho, el cual establece el ancho mínimo del número en 9 (incluido el punto decimal, la coma y el signo de miles).

.3 Ese es el operador de precisión que define la precisión del número flotante dado a 3 lugares.

f Es la opción tipo que especifica que el número es un número float.

A continuación, un ejemplo de usar la función *format()* sobre escribiendo el método especial *__format__()* de una clase, seria de la siguiente forma:

```
>>> class Persona:

...    def __format__(self, formato):

...        if(formato == 'edad'):

...            return '23'

...        return 'Formato nulo'

...
```

```
>>> print format(Persona(), "edad")
```

23

En el ejemplo anterior cuando se sobre escribe el método
especial *__format__()* de la clase Persona. Ese ahora acepta
el argumento del método llamado edad el cual devuelve 23.

El método *format()* internamente ejecuta
Persona().__format__("edad"), el cual devuelve el mensaje
23. Si no hay formato especificado, el mensaje devuelto es
Formato nulo.

index()

La función *index()* es como la función find() pero arroja una
excepción *ValueError* cuando la sub-cadena no es
encontrada.

```
>>> 'pedro perez'.index("ped")
```

0

```
>>> 'pedro perez'.index("aro")
```

Traceback (most recent call last):

  File "<stdin>", line 1, in <module>

ValueError: substring not found

>>> 'pedro perez'.index(" pe")

8

intern()

La función *intern()* introduce la cadena en la tabla de cadenas internadas (si no está ya allí). Esto ingresa la cadena en la tabla (global) de cadenas internas cuyo propósito es acelerar las búsquedas en el tipo diccionario.

Al utilizar la función *intern()*, se asegura de que nunca cree dos objetos de cadena de caracteres que tengan el mismo valor: cuando solicita la creación de un segundo objeto de cadena de caracteres con el mismo valor que un objeto de cadena existente, recibe una referencia al objeto de cadena preexistente. De esta manera, estás ahorrando memoria. Además, la comparación de objetos de cadena de caracteres ahora es muy eficiente porque se lleva a cabo comparando las direcciones de memoria de los dos objetos de cadena de caracteres en lugar de su contenido.

Esencialmente, la función *intern()* busca (o almacena si no está presente) la cadena de caracteres en una colección de cadenas de caracteres internadas, por lo que todas las instancias internadas compartirán la misma identidad. Cambia el costo único de buscar esta cadena de caracteres para realizar comparaciones más rápidas (la comparación puede devolver *True* después de solo verificar la identidad, en lugar de tener que comparar cada carácter), y reducir el uso de la memoria.

Sin embargo, Python internará automáticamente cadenas de caracteres que sean pequeñas o que parezcan identificadores, por lo que es posible que no obtengas ninguna mejora porque tus cadenas de caracteres ya están internadas entre bastidores.

A continuación uno ejemplo de comparación de cadena de caracteres con operadores de relacionales:

```
>>> cadena0, cadena1 = 'python', 'python'
>>> cadena0 == cadena1
```

True

```
>>> cadena0 is cadena1
```

True

```
>>> cadena0, cadena1 = 'python 2.7', 'python 2.7'
```

```
>>> cadena0 is cadena1
```

False

A continuación uno ejemplo de comparación de cadena de caracteres con el operador *is*:


```
>>>
```

```
>>> cadena0 = intern('promer cms')
```

```
>>> cadena1 = 'promer cms'
```

```
>>> cadena0 is cadena1
```

False

```
>>> cadena1 = intern('promer cms')
```

```
>>> cadena0 is cadena1
```

True

isalnum()

La función *isalnum()* devuelve un valor booleano *True* o *False* si coincide que la cadena contenga caracteres alfanuméricos.

```
>>> '23456987'.isalnum()
True
>>> 'V-23456987'.isalnum()
False
```

isalpha()

La función *isalpha()* devuelve un valor booleano *True* o *False* si coincide que la cadena contenga caracteres alfabéticos.

```
>>> 'pedro'.isalpha()
True
>>> 'pedro perez'.isalpha()
False
```

isdigit()

La función *isdigit()* devuelve un valor booleano *True* o *False* si coincide que la cadena contenga caracteres dígitos.

>>> 'pedro perez'.isdigit()

False

>>> '23456987'.isdigit()

True

islower()

La función *islower()* devuelve un valor booleano *True* o *False* si coincide que la cadena contenga caracteres en MINÚSCULAS.

>>> 'pedro perez'.islower()

True

>>> 'pedro PEREZ'.islower()

False

istitle()

La función *istitle()* devuelve un valor booleano *True* o *False* si coincide que la cadena de caracteres sean capitales en cada palabra.

>>> "pedro perez".title()

'Pedro Perez'

>>> "pedro Perez".istitle()

False

isspace()

La función *isspace()* devuelve un valor booleano *True* o *False* si no es vacía, y todos sus caracteres son espacios en blanco.

>>> " ".isspace()

True

>>> " ".isspace()

True

>>> "a ".isspace()

False

```
>>> " A ".isspace()
```

False

isupper()

La función *isupper()* devuelve un valor booleano *True* o *False* si coincide que la cadena de caracteres estén en MAYÚSCULAS en cada palabra.


```
>>> 'PEDRO PEREZ'.isupper()
```

True

```
>>> 'PEDRO perez'.isupper()
```

False

lstrip()

La función *lstrip()* devuelve una copia de la cadena de caracteres con el espacio en blanco inicial eliminado. Si se dan la cadena de caracteres y no es *None*, elimina los caracteres en la cadena de caracteres en su lugar. Si la cadena de caracteres son *unicode*, serán convertidas a *unicode* antes de eliminar.

>>> " pedro perez ".lstrip()

'pedro perez '

lower()

La función lower() devuelve una cadenas de caracteres con MINÚSCULAS en cada palabra.

>>> 'PEDRO PEREZ'.lower()

'pedro perez'

ord()

La función *ord()* es el inverso de *chr()* dada una cadena representando un carácter *Unicode*, devuelve el entero del código correspondiente.

>>> ord('@')

64

>>> ord('$')

36

```python
>>> ord('^')
94
>>> ord('~')
126
```

replace()

La función *replace()* si encuentra el criterio de la búsqueda de la sub-cadena o la remplaza con la nueva sub-cadena enviado por parámetros en la función.

```python
>>> 'pedro perez'.replace(" per", " Per")
'pedro Perez'
```

split()

La función *split()* devuelve una lista con la cadena de caracteres separada por cada índice de la lista.

```python
>>> 'pedro perez'.split()
['pedro', 'perez']
```

splitlines()

La función *splitlines()* devuelve una lista con la cadena de caracteres separada por cada salto de línea en cada índice de la lista.

```
>>> 'pedro josue\perez gonza'.splitlines()
['pedro josue', 'perez gonza']
```

startswith()

La función *startswith()* devuelve un valor booleano *True* o *False* si coincide que la cadena inicie con el criterio enviado por parámetros en la función.

```
>>> 'pedro perez'.startswith("pe")
False
>>> 'pedro perez'.startswith("ped")
True
```

str()

La función *str()* es el constructor del tipo de cadenas de caracteres, se usa crear una carácter o cadenas de caracteres mediante la misma función *str()*.

Puede convertir un número entero a una cadena de caracteres, de la siguiente forma:

>>> str(2)

'2'

Puede convertir un número *float* a una cadena de caracteres, de la siguiente forma:

>>> str(2.5)

'2.5'

>>> str(-2.5)

'-2.5'

Puede convertir un número *complex* a una cadena de caracteres, de la siguiente forma:

>>> str(2.3+0j)

'(2.3+0j)'

Puede convertir un tipo booleano a una cadena de caracteres, de la siguiente forma:


```
>>> str(True)
'True'
>>> str(False)
'False'
```

swapcase()

La función *swapcase()* devuelve una cadenas de caracteres convertida al opuesto sea MAYÚSCULAS o MINÚSCULAS.


```
>>> 'leonardo caballero'.swapcase()
'PEDRO PEREZ'
>>> 'PEDRO PEREZ'.swapcase()
'pedro perez'
```

title()

La función *title()* devuelve una cadenas de caracteres con capitales en cada palabra.


```
>>> "pedro perez".title()

'Pedro Perez'
```

unichr()

La función *unichr()* devuelve una cadena de caracteres *Unicode* de un carácter con un numero entero.


```
>>> unichr(64)

u'@'

>>> unichr(36)

u'$'

>>> unichr(94)

u'^'

>>> unichr(126)

u'~'
```

5.6.5.27. upper()

La función *upper()* devuelve una cadenas de caracteres con MAYÚSCULAS en cada palabra.

>>> "pedro perez".upper()

'PEDRO PEREZ'

Funciones de secuencias

Las funciones de secuencias se describen a continuación:

all()

La función *all()* toma un contenedor como un argumento. Esta devuelve las funciones integradas *True* si todo los valores en el objeto iterable python tienen un valor de tipo booleano igual a True. Un valor vacío tiene un tipo booleano igual a *False*.

>>> all([' ',' ',' '])

True

>>> all({'*',''})

False

any()

La función *any()* ese toma un argumento y devuelve *True* incluso si, un valor en el objeto iterable tiene un valor de tipo booleano igual a *True*.

>>> any((1,0,0))

True

>>> any((0,0,0))

False

>>> any(range(5))

True

>>> any(range(0))

False

coerce()

La función *coerce()* devuelve una tupla que consta de los dos argumentos numéricos convertidos en un tipo común, utilizando las mismas reglas que las operaciones aritméticas.

Si la coerción no es posible, levante una excepción *TypeError*.

```
>>> coerce(3, 4)

(3, 4)

>>> coerce(3, 4.2)

(3.0, 4.2)
```

dict()

La función *dict()* es el constructor del tipo de diccionario, esta función se usa crear un diccionario:

```
>>> dict(python=2.7, zope=2.13, plone=5.1)

{'zope': 2.13, 'python': 2.7, 'plone': 5.1}
```

También puede crear un diccionario indicando a las claves usando comillas simples:

```
>>> {'python': 2.7, 'zope': 2.13, 'plone': 5.1}

{'python': 2.7, 'zope': 2, 'plone': 5.1}
```

>>> dict({'python': 2.7, 'zope': 2.13, 'plone': 5.1})

{{'python': 2.7, 'zope': 2.13, 'plone': 5.1}

Convertir desde un grupo de dos listas de forma recursiva usando la función *zip()* a tipo diccionario:

>>> dict(zip(['python', 'zope', 'plone'], [2.7, 2.13, 5.1]))

{'python': 2.7, 'zope': 2.13, 'plone': 5.1}

Convertir desde un grupo de tuplas respectivamente en una lista a tipo diccionario:

>>> dict([('zope', 2.13), ('python', 2.7), ('plone', 5.1)])

{'plone': 5.1, 'zope': 2.13, 'python': 2.7}

frozenset()

La función *frozenset()* es el constructor del tipo de conjuntos, se usa crear un conjunto inmutable mediante la misma función *frozenset()* de un objeto iterable lista:

>>> versiones = [6, 2.1, 2.5, 3.6, 4, 5, 6, 4, 2.5]

```
>>> print versiones, type(versiones)

[6, 2.1, 2.5, 3.6, 4, 5, 6, 4, 2.5] <type 'list'>

>>> versiones_plone = frozenset(versiones)

>>> print versiones_plone, type(versiones_plone)

frozenset([2.5, 4, 5, 6, 2.1, 3.6]) <type 'frozenset'>
```

iter()

La función *iter()* obtiene un iterador de un objeto. En la primera forma, el argumento debe proporcionar su propio iterador, o ser una secuencia.

```
>>> elemento = iter("Prome")

>>> elemento

<iterator object at 0x7eff6ce10250>

>>> elemento.next()

'P'

>>> elemento.next()

'r'

>>> elemento.next()
```

'o'

>>> elemento.next()

'm'

>>> elemento.next()

'e'

>>> elemento.next()

Traceback (most recent call last):

  File "<stdin>", line 1, in <module>

StopIteration

En el ejemplo anterior, cuando se itera en la secuencia de tipo cadena de caracteres, al llegar al final mediante el iterador llamado elemento se llama a la excepción *StopIteration* y se causa el detener la iteración.

list()

La función *list()* es el constructor del tipo de lista, se usa crear una lista mediante la misma función *list()* de un iterable. Por ejemplo, una lista podría crearse mediante la función *range(10)*:

>>> lista = list(range(10))

>>> print lista

[0, 1, 2, 3, 4, 5, 6, 7, 8, 9]

next()

La función *next()* devuelve el próximo elemento desde un iterador.

>>> elemento = iter([1,2,3,4,5])

>>> next(elemento)

1

>>> next(elemento)

2

>>> next(elemento)

3

>>> next(elemento)

4

```
>>> next(elemento)
```

5

```
>>> next(elemento)
```

Traceback (most recent call last):

  File "<stdin>", line 1, in <module>

StopIteration

En el ejemplo anterior, cuando se itera en la secuencia de tipo lista, al llegar al final mediante el iterador llamado elemento se llama a la excepción *StopIteration* y se causa el detener la iteración.

tuple()

La función *tuple()* es el constructor del tipo de tuplas, se usa crear una tupla mediante la misma función tuple() de un iterable. Por ejemplo, una tupla podría crearse mediante la función *range*(10):


```
>>> tupla = tuple(range(4, 9))
>>> print tupla
```

(4, 5, 6, 7, 8)

set()

La función *set()* es el constructor del tipo de conjuntos, se usa crear un conjunto mutable mediante la misma función *set()* de un objeto iterable lista:

>>> versiones = [2.1, 2.5, 3.6, 4, 5, 6, 4]

>>> print versiones, type(versiones)

[2.1, 2.5, 3.6, 4, 5, 6, 4] <type 'list'>

>>> versiones_prome = set(versiones)

>>> print versiones_prome, type(versiones_prome)

set([2.5, 4, 5, 6, 2.1, 3.6]) <type 'set'>

sorted()

La función *sorted()* devuelve una lista ordenada de los elementos del tipo secuencia que recibe como argumento (lista o cadena de caracteres). La secuencia original no es modificada.

>>> lista = [23, 13, 7, 37]

\>\>\> sorted(lista)

[7, 13, 23, 37]

La función *sorted()* siempre devuelve una lista, aunque reciba como argumento una cadena de caracteres.

\>\>\> cadena = "asdlk"

\>\>\> sorted(cadena)

['a', 'd', 'k', 'l', 's']

zip()

La función *zip()* devuelve una lista de tuplas, donde cada tupla contiene el elemento i-th desde cada una de los tipos de secuencias de argumento. La lista devuelta es truncada en longitud a la longitud de la secuencia de argumentos más corta.

\>\>\> zip(['python', 'zope', 'prome'], [2.7, 2.13, 5.1])

[('python', 2.7), ('zope', 2.13), ('prome', 5.1)]

Funciones de objetos

Las funciones de objetos se describen a continuación:

delattr()

La función *delattr()* elimina un atributo con nombre en un objeto; *delattr(x, 'y')* es equivalente a del *x.y*.

```
>>> class Persona:
...     """Clase que representa una Persona"""
...     cedula = "V-123456789"
...     nombre = "Pedro"
...     apellido = "Perez"
...     sexo = "M"
... 
>>> macagua = Persona()
>>> macagua.sexo
'M'
>>> delattr(Persona,'sexo')
>>> macagua.sexo
```

Traceback (most recent call last):

 File "<stdin>", line 1, in <module>

AttributeError: Persona instance has no attribute 'sexo'

getattr()

La función *getattr()* obtiene un atributo nombrado desde un objeto; de la siguiente forma *getattr(instancia, 'atributo')* el cual es equivalente a instancia.atributo. Cuando un argumento predeterminado es dato, es es devuelto cuando el atributo no existe; sin eso, una excepción es lanzada en ese caso.

```
>>> class Persona:

...     """Clase que representa una Persona"""

...     cedula = "V-123456789"

...     nombre = "Pedro"

...     apellido = "Perez"

...     sexo = "M"

...

>>> macagua = Persona()
```

```
>>> getattr(macagua,'sexo')
```

```
'M'
```

```
>>> macagua.sexo
```

```
'M'
```

5.6.7.3. hasattr()

La función *hasattr()* devuelve un tipo booleano cuando el objeto tiene un atributo con el nombre dado. (Esta hecho llamando a la función *getattr(instancia, atributo)* y capturar excepciones.)


```
>>> class Persona:
...     """Clase que representa una Persona"""
...     cedula = "V-123456789"
...     nombre = "Pedro"
...     apellido = "Perez"
...     sexo = "M"
...
>>> macagua = Persona()
```

>>> hasattr(macagua, 'nombre')

True

>>> hasattr(macagua, 'apellido')

True

>>> hasattr(macagua, 'cedula')

True

>>> hasattr(macagua, 'sexo')

True

>>> hasattr(macagua, 'email')

False

hash()

La función *hash()* devuelve un valor hash de tipo entero para el objeto.

>>> class Persona:

...   """Clase que representa una Persona"""

...   cedula = "V-123456789"

```
...     nombre = "Pedro"

...     apellido = "Perez"

...     sexo = "M"

...

>>> macagua = Persona

>>> type(macagua)

<type 'classobj'>
```

Dos objetos con el mismo valor tienen el mismo valor hash.

```
>>> type(Persona)

<type 'classobj'>

>>> type(macagua)

<type 'classobj'>

>>> hash(macagua)

8742669316448

>>> hash(Persona)

8742669316448
```

Lo contrario no es necesariamente cierto, pero es probable.

isinstance()

La función *isinstance()* le permite corroborar si un objeto es una instancia de una clase.

isinstance(objeto, tipo)

Esta función devuelve *True* si el objeto especificado es del tipo especificado, de lo contrario *False*.

Los parámetros son:

objeto, es requerido. Un objeto.

tipo, un tipo o una clase, o una tupla de tipos y/o clases

Un ejemplo de uso con la clase Persona seria como lo siguiente:

```
>>> persona1 = Persona("V-123456789", "Pedro", "Perez", "M")
```

\>>> isinstance(persona1, Persona)

True

Si el tipo de parámetro es una tupla, esta función devuelve *True* si le objeto es uno de los tipos en la tupla.

\>>> persona1 = Persona("V-123456789", "Pedro", "Perez", "M")

\>>> isinstance(persona1, (Persona, int))

True

Aquí puede decir que persona1 es una instancia de la clase Persona.

Las clases dan la posibilidad de crear estructuras de datos más complejas. En el ejemplo, una clase Persona que realizará un seguimiento del cedula, nombre, apellido y sexo (que pasará como atributos).

issubclass()

La función *issubclass()* le permite corroborar si un objeto es instancia de una clase.

issubclass(subclase, clase)

Esta función devuelve *True* si la clase especificada es una subclase de la clase base, de lo contrario *False*.

Un ejemplo de uso con la subclase Supervisor que deriva de la clase Persona seria como lo siguiente:

```
>>> sV1 = Supervisor("V-20123456", "Yul", "Fez", "D", "Ratti")
>>> issubclass(sV1, Persona)
True
```

Si el tipo de parámetro es una tupla, esta función devuelve True si le objeto es uno de los tipos en la tupla.

```
>>> sV1 = Supervisor("V-20123456", "Yul", "Fez", "D", "Ratti")
>>> issubclass(sV1, (Persona, Empleado, Supervisor, Destreza))
```

True

Aquí puede decir que *sV1* es una subclase derivada de la clase Persona.

Las clases dan la posibilidad de crear estructuras de datos más complejas. En el ejemplo, una clase Persona que realizará un seguimiento del cedula, nombre, apellido y sexo (que pasará como atributos).

setattr()

La función *setattr()* establecer un atributo con nombre en un objeto; *setattr(x, 'y', v)* es equivalente a x.y = v.


```
>>> class Persona:
...     """Clase que representa una Persona"""
...     cedula = "V-123456789"
...     nombre = "Pedro"
...     apellido = "Perez"
...     sexo = "M"
```

...

```
>>> setattr(macagua, 'email', 'pperez@prome.com')

>>> getattr(macagua,'email')

'pperez@prome.com'
```

<u>Importante</u>

La lista de todas las funciones disponibles en el lenguaje Python con la descripción correspondiente se puede encontrar en la siguiente dirección URL:

https://docs.python.org/2/library/functions.html

Conclusión

¡Gracias nuevamente por descargar mi libro!

Si lo has disfrutado, por favor deja tu opinión en Amazon. Estaré muy agradecido. Agradezco tu sugerencia de cuales libros sobre Programación en Python quisieras que escribiera. Muchas gracias por el tiempo dedicado a este libro.

www.ingramcontent.com/pod-product-compliance
Lightning Source LLC
Chambersburg PA
CBHW051233130726
47988CB00001B/326